3時間分の
ムダがなくなる
30のコツ

早く
帰りたい！

Go Home Early

仕事術

藤井 美保代

JN216845

日本能率協会マネジメントセンター

素美子さんへ

いつもありがとう
ございます。
これからも 心友
いてね ☺

2017年2月1日
藤井美穂

はじめに

「早く帰りたいのに、帰れない」
「仕事に追われて残業続きの毎日……」
「仕事が終わったらクタクタで、自分の時間がまるでない」

　この本は、そんな悩みを抱える方のために書きました。

　私は、年間150日ほど、さまざまな企業で研修・コンサルティングを行い、仕事の生産性向上を支援していますが、最近、特に相談が多いのが「**とにかく毎日忙しい**」ということです。
　プレイングマネジャーとして部下の育成と業績アップに悩むリーダーや、スタッフの数が減ってしまい一人当たりの負担が増えてしまった営業アシスタント職の方、出さなければいけない書類ややらなければいけない手順が増えて大変だと嘆く営業担当の方など、「忙しい」、「時間が足りない」というのは、携わる仕事は違えど共通の悩みなのでしょう。

　しかしコンサルティングを通して、いざ「忙しい毎日」の時間の使い方をひも解いていくと、不思議なことがわかります。
　それは、「**忙しいはずの毎日**」の中に、**多くのムダが潜んでいる**ことです。
　ある金融系の会社で業務改善のコンサルティングを行った際のことです。仕事の生産性を高めることを目的に、「3秒ルール」をスローガンとして、すべての行動にかかる時間を3秒縮めようとしました。すると、なんとそれだけで3時間の残業を削減できた方もいたのです。

忙しいはずの毎日に、3時間ものムダがあるなんて——。

ショックを隠せないようでしたが、裏を返せば**ムダをなくすことができれば、毎日3時間が生まれる**ということでもあるのです。

さらに一つひとつのムダを分析していくと、もちろん突発的なトラブルやミスによるものはあるにせよ、ほぼすべてのムダは、自分の力でなくすことができるということがわかりました。

つまり、**ムダをなくし、自分の時間をつくれるかどうかは、自分の仕事の進め方次第**なのです。

「働き方改革」が叫ばれる中、今まで以上に**仕事の「質」と「スピード」の両立**が求められるようになってきました。

長時間働く人が評価されていたのは、もはやひと昔まえのこと。現代は、限られた時間内で質の高い仕事をする人、つまり生産性の高い仕事ができる人が評価される時代です。

社会・経済の情勢が目まぐるしく変わり、技術の進歩が激しい時代、今もっているスキルや知識は、あっという間に陳腐化してしまいます。「毎日、仕事に追われていっぱい、いっぱい……」では、あっという間に取り残されてしまう危険性すらあるのです。未来への投資の時間を確保することは、私たちビジネスパーソンにとって、急務な課題といえるでしょう。

自分を成長させ、なりたい自分になっていくためにも、自分の時間の使い方、働き方を見直していく必要があるのです。

本書では、「早く帰りたいのに帰れない」と悩む方に向けて、**毎日なんとなくやっている仕事の効率を上げ、ムダなく働くためのヒント**をまとめました。

今、仕事に追われている方であっても取り組みやすい30のコツを

4　はじめに

選んでいます。日ごろなんとなく行っている「習慣」、時間の使い方を考える「段取り」のコツ、効率を高める「環境」をつくるコツ、トラブルやミスを防ぐ「コミュニケーション」のコツ、職場の生産性を高める「チーム」のコツという5つの分野で取り組んでいきましょう。たとえば、30あるコツを1日1つずつ取り組んでいくという使い方もお勧めです。

さらに、一つひとつのコツを今すぐ行動に移せるように、3～4ステップに分けて、具体的に何をするかを紹介していきます。中には書き込みをしたり、自分で考えたりする箇所もありますが、ただ読むだけではなく、手を動かしながら自分の働き方を見直してみてください。

本書で紹介する30のコツは、決して難しいものではなく、今日から取り組めるものばかりです。

一つひとつの効果は、「5分、10分」という小さな時間しか生み出さないかもしれませんが、**そんな微の集積が「自分の時間」を取り戻すことにつながる**のです。

楽しみながらチャレンジを続けていくと、やがて時間の使い方が変化していくことに気づくはずです。すると、プライベートの時間も充実してくるでしょうし、仕事に対しても今まで以上に前向きに取り組めるようになるでしょう。

本書が、「仕事に追われる毎日」から脱け出し、自分の時間を取り戻し、前向きで充実した日々が送れるようになるきっかけになれば幸いです。

平成29年1月

株式会社ビジネスプラスサポート　藤井美保代

早く帰りたい!仕事術　3時間分のムダがなくなる30のコツ

はじめに……3

Part0
なぜ、あなたは早く帰れないのか?

- ☐ 「早く帰りたい!」のに、早く帰れないのはなぜ?……20
- ☐ 時間に追われ続けるとどうなるか?……21
- ☐ 3時間分のムダを減らして、自分の時間を取り戻そう……24
- ☐ 時間に追われる毎日から脱け出そう!……24

Part1
悪い習慣をゼロにする

01　朝のダラダラをやめる

- ☐ 「時間がない」のは、朝のダラダラが原因かも?……28
- ☐ 朝のダラダラで効率は2割ダウン……28
- ☐ 朝のスタートダッシュで、1日のリズムをつくる……29

Take action! 今日からやってみよう

　　Step1　十分な睡眠を取る……30

Step2　始業15分前に出社する……31

Step3　好きな仕事から始める……31

02　なんとなく過ごす休憩時間をゼロにする

☐ 休憩時間はなんのためにあるの?……32

☐ メリハリ休憩法で、午後の仕事効率を高める……33

Take action! 今日からやってみよう

Step1　食事をしっかりと味わう……34

Step2　15分間の昼寝で眠気を撃退する……34

Step3　1日ひとつ、いつもと違うことをする……34

03　"ズルズル残業"をゼロにする

☐ 「残業は仕方がない」とあきらめていませんか?……36

☐ デッドラインを決めなければ、仕事は永遠に終わらない……36

Take action! 今日からやってみよう

Step1　「今日は定時に帰る」と決める……38

Step2　仕事が終わってからやることを決める……38

Step3　定時の2時間前に立ち止まって仕事を見直す……39

04　苦手なことの先送りをゼロにする

☐ 「なんか大変そう」で仕事から逃げていませんか?……40

☐ 「なんとなく苦手なもの」をほぐしてみる……40

Take action! 今日からやってみよう

Step1　仕事の「サイズ」を確かめる……42

Step2　仕事の「目的」と「目標」を明らかにする……42

Step3　「完成のイメージ」をつかむ……43

Step4 「目標」と「完成のイメージ」に

至るまでの手段を明らかにする……44

05 完璧主義をやめる

□ 「完璧の罠」に陥っていませんか?……46

□ ナレッジワークの価値は「質＜時間」 ……46

Take action! 今日からやってみよう

Step1 「仕事にかける時間」を決める……48

Step2 外してはいけない「仕事の肝」をつかむ……49

06 うっかり忘れをゼロにする

□ ミスの8割は「うっかり」が原因……51

□ 「ここまでやるの?」というほどのしつこい対策をしよう……51

Take action! 今日からやってみよう

Step1 やるべきことをモレなく書き留める……53

Step2 「いつやるか」を決めて、ToDoノートに書き写す……53

Step3 付せんを使って動線上にメモを残す……54

07 "落ち込みグセ"をゼロにする

□ マインドワンダリング──1日の半分以上がムダな時間!?……56

□ 「自分マネジメント」で気持ちを切り替える……56

Take action! 今日からやってみよう

Step1 深呼吸で落ち着きを取り戻す……58

Step2 ストレスを感じる場所から離れる……58

Step3 気晴らし方法をリストアップ……58

Part2
段取りのムダを
ゼロにする

08　仕事に振り回される時間をゼロにする

☐ いつも仕事に追われているのはなぜ?……62

☐ 段取りが仕事の質を決める!……62

Take action! 今日からやってみよう

Step1　その日にやるべき仕事を「見える化」……64

Step2　仕事に優先順位をつける……64

Step3　リズムを考えたスケジュールをつくる……65

09　「先のことまで手が回らない!」から脱け出す

☐ 「先送りしがちな仕事」が未来を変える……68

☐ 「いつかやろう……」では絶対にやらない!……69

Take action! 今日からやってみよう

Step1　「未来への投資の時間」に

　　　　やりたいことをリストアップする……70

Step2　やることの優先順位を決める……70

Step3　1週間のうち「2時間」の投資時間を確保する……71

10　「ダラダラと過ごす時間」をゼロにする

☐ 段取りを組んでも、実行できない理由……72

☐ いつでも、「10%減」を目指そう……72

Take action! 今日からやってみよう

Step1　レベルアップさせたい仕事を選ぶ……74

Step2　「1割減」の目標時間を設定する……74

Step3　かかった時間を記録する……75

11　「集中力を邪魔するもの」をゼロにする

☐ いったん集中力が途切れると、15分がムダになる……76

☐ 仕事の「見える化」で割り込みをコントロールする……76

Take action! 今日からやってみよう

Step1　「割り込みOKタイム」を設定する……78

Step2　「1割り込み、1付せん」で見える化する……79

Step3　「割り込みOKタイム」の効率を上げる……80

Column メールに振り回されないための3つのルール……81

12　"ムラゼロ"でムダをなくす

☐ ムラがあるところに、ムダが生まれる……82

☐ 仕事量のバラつきをなくす……83

Take action! 今日からやってみよう

Step1　1カ月間の仕事を「見える化」する……84

Step2　前倒し貯金を増やそう……84

Step3　「リマインド」、「プッシュ」をスケジュールに組み込む……85

Part3
環境のムダを
ゼロにする

13 データを探す時間のムダをなくす

- [ ] デスクトップの状態は、あなたの今の仕事の状態……88
- [ ] PCを戦略基地化する……89

Take action! 今日からやってみよう

- Step1 2つのフォルダですべてのデータを管理する……90
- Step2 データ管理のマイルールを決める……90
- Step3 データの保存期間を決める……92
- Step4 更新ファイルの名前のつけ方をルール化する……93

14 メールを探す時間のムダをなくす

- [ ] メールの渦に埋もれて、大事なメールが見当たらない!?……94
- [ ] メールの「鮮度」を落とさないしくみ……94
- [ ] メールの「入り」を制する……95

Take action! 今日からやってみよう

- Step1 「残すメール」、「残さないメール」を判断する……96
- Step2 一時保存用「進行中」フォルダを活用する……96
- Step3 メールの「入り」を制限するしくみをつくる……97

15 「デスクが片づかないストレス」をゼロにする

- [ ] 「何から手をつければいいかわからない!」……98

☐ **思い切ってものを半分に減らそう**……99

Take action! 今日からやってみよう

Step1　デスクまわりのものを、すべて取り出す……100

Step2　書類を減らす

　　　　──半年間見ていない書類は問答無用で捨てる……100

Step3　備品は、必要最小限のものだけ残す……101

16　「書類を探す時間」をゼロにする

☐ **書類の流れを止めない!**……103

☐ **住所がないから片づかない**……103

Take action! 今日からやってみよう

Step1　進行状況にあわせて3つのボックスで管理する……105

Step2　「処理済書類」の運用ルールを決める……105

17　「あれがない!」で手が止まるムダをゼロにする

☐ **ものが見つけられない、取り出しにくい、使いづらい**……108

☐ **動線と頻度を考えたレイアウトをつくろう**……108

Take action! 今日からやってみよう

Step1　デスクの上を戦略的にレイアウトする……110

Step2　引き出しの中をレイアウトする……110

Step3　「定置」、「定方向」、「定量」管理をルール化する……110

Part4
コミュニケーションのムダをゼロにする

18　勘違いによる仕事のやり直しをなくす

☐ 自分に都合よく解釈していませんか?……116

☐ 「傾聴力」で必要な情報を引き出そう……117

☐ すぐに使える!　傾聴のフレームワーク……117

Take action! 今日からやってみよう

Step1　フレームワークに沿って指示を受ける……118

Step2　足りない情報にはクローズド質問……118

Step3　ワンフレーズで復唱する……120

19　正しく伝わらないストレスをゼロにする

☐ 伝えたつもりなのに、伝わらない理由……121

☐ この情報を伝える目的は何か?……122

Take action! 今日からやってみよう

Step1　情報を伝える目的を考える……123

Step2　フレームワークに沿ってわかりやすく伝える……123

Step3　意図が正しく伝わったかを確認する……125

20　報連相のムダをゼロにする

☐ 私たちの仕事は圧倒的に「報告」が足りていない!……126

☐ 上司が欲しい情報を、欲しいタイミングで……127

Take action! 今日からやってみよう

Step1　上司が望んでいる「情報」、「タイミング」を知る……128

Step2　報告に「見出し」をつける……129

Step3　「報告＋相談」のセットで判断を仰ぐ……129

21　「メモ」で忙しい相手への伝達モレを防ぐ

☐ 口頭やメールだけでは伝わらない……130

☐ 相手を動かす3つのメモ術……131

Take action! 今日からやってみよう

Step1　伝えるべき「2割」を抽出する……132

Step2　ポイントを箇条書きにする……132

Step3　「メモ＋口頭」で確実に伝えよう……133

22　電話対応での抜け・モレをゼロにする

☐ 聞き忘れるのは当たり前……134

☐ 電話の"must"を「見える化」する……135

Take action! 今日からやってみよう

Step1　電話対応における確認事項を見える化……136

Step2　ひな形を見ながらモレなくメモを取る……136

Step3　復唱でミスをなくす……136

Step4　聞き取れない場合の

　　　　「質問フレーズ」を用意しておく……138

23　意図が伝わりにくいメールをゼロにする

☐ 大事なメールがスルーされていないか?……139

☐ メールはタイトルがポイント……139

Take action! 今日からやってみよう

Step1 「何をすればいいかがかわるタイトル」をつける……141

Step2 定型文を用意しておく……141

Step3 情報は箇条書きで、見出しをつける……142

Step4 「情」の言葉をプラスする……142

24 「気が利かない!」のイライラをゼロにする

☐ 「1」に対して「1」では意味がない……144

☐ 思いやりのバトンを渡す……145

Take action! 今日からやってみよう

Step1 即答せず、自分に問いかける5秒間をつくる……146

Step2 次の展開を想像し、「+α」を提案する……146

Step3 相手の望みを聞き出す……147

Part5
チームのムダを
ゼロにする

25 チームの連携不足をゼロにする

☐ なぜ仕事が「タコツボ化」してしまうのか?……150

☐ 業務フローを見える化する……151

Take action! 今日からやってみよう

Step1 チームメンバーとの雑談を増やす……152

Step2 付せんを使って、
それぞれの仕事の関係性を理解する……152

Step3 チーム全体の関連図を1枚にまとめる……155

26 引き継ぎのムダをゼロにする

☐ ムダの元凶は不親切な引き継ぎにある……156

☐ 「鳥の目」と「虫の目」で伝える……157

☐ 目標は「いつでも」、「1週間で」引き継げること……157

Take action! 今日からやってみよう

Step1 引き継ぐべき「基本の仕事」を見極める……158

Step2 「鳥の目」と「虫の目」で引き継ぎ書をつくる……159

Step3 対面で「やってみせる」、「やらせてみせる」……161

27 情報の滞りをゼロにする

☐ 情報は組織の"血液"……162

☐ 流すべき情報は、「変更」、「方針」、「悪いニュース」……162

Take action! 今日からやってみよう

Step1 まずは自分から挨拶する……164

Step2 「雑談タイム」をつくる……164

Step3 話しかけられやすい状態をつくる……165

Step4 「報連相タイム」をしくみ化する……166

28 会議のムダをゼロにする

☐ 会議の三大ムダ
——資料が多い、何も決まらない、何も発言しない……167

☐ 会議がつまらない本当の理由……167

Take action! 今日からやってみよう

Step1 資料は1枚にまとめる……169

Step2 「議論」と「時間」を見える化する……169

Step3 ひとつ発言できるよう準備する……171

29 後輩が育たないストレスをゼロにする

☐ 「仕事を任せられない」という病……172

☐ 「育たない」のか、「育てていない」のか……172

☐ 草木に水をやるように育てる……173

Take action! 今日からやってみよう

Step1 後輩のタイプを知る……174

Step2 「教える時間」を確保し、スケジュールに組み込む……175

Step3 「承認」、「貢献」、「成長」にフォーカスする……176

Step4 「叱る基準」を伝えておく……177

30 不機嫌な時間がゼロになれば、結果はついてくる!

☐ 「ご機嫌な職場」を目指そう……178

☐ 「夢中な自分」が仕事の質を高める……178

Take action! 今日からやってみよう

Step1 自分の「ご機嫌スイッチ」を知る……180

Step2 「自分メンテナンス」の時間をつくる……180

Step3 「ありがとう」を配る……181

Part 0
なぜ、あなたは早く
帰れないのか？

同僚とムダ話をしているわけでも、途中で仕事をさぼっているわけでもない。なのに、いつも仕事に追われて時間が足りず、残業。帰宅する頃にはもう疲れ果てて、夕食は適当に済ませて、ぐったり。自分のために使う時間なんてまるでない。いつまでこんな毎日が続くのかと、不安になってしまう……そんな思いから本書を手にとられた方もいるかもしれません。

　なぜ、がんばって仕事をしても、定時に帰れないのでしょうか。

　まずはその理由を明らかにしてきましょう。そのうえで、「早く帰る」ために何をすればいいのか、仕事の進め方を変える具体的なコツを紹介していきます。

□「早く帰りたい！」のに、早く帰れないのはなぜ？

早速ですが、あなたの日ごろの仕事をふり返り、当てはまるものをチェックしてみましょう。

- ☐ 朝、会社に着くのは始業ギリギリになってしまう
- ☐ 寝る時間、起きる時間は毎日バラバラだ
- ☐ 休憩時間がもったいないので、パソコン画面や午後の仕事で使う資料を見ながら昼食をとっている
- ☐ 仕事は完璧に仕上げたい
- ☐ 午後は眠気に襲われて仕事に集中しづらい
- ☐ うっかりミスがなくならない
- ☐ 上司にミスを指摘されて落ち込むことがよくある
- ☐ 周りからの頼みごとを断れない
- ☐ メールは即返信するようにしている
- ☐ 忙しい日もあれば、暇な日もある
- ☐ PCのデスクトップ画面に10個以上のファイル、フォルダがある
- ☐ 書類は念のために取っておくようにしている
- ☐ 備品の予備は多めに引き出しに入れておかないと不安だ
- ☐ 教えたとおり仕事をしない後輩に、ついきつく当たってしまう
- ☐「報告が足りない」と上司からよく注意される
- ☐ 電話応対が苦手だ
- ☐ 職場ではほとんど雑談しない
- ☐ 周りの人の身勝手な行動にイライラすることが多い

当てはまるものはいくつありましたか?

じつは、これらはすべて「ムダな時間」を生み出す原因となるものです。

ですので、ひとつでも当てはまるものがあるのだとしたら、あなたの毎日の仕事にはムダがあるというわけです。もし、5つ以上当てはまるようでしたら、本格的に仕事を見直す必要があるでしょう。

ここであげたのは、どれも当たり前のように行っている習慣がほとんど。何がいけないのか気づきにくいものです。

また、一つひとつの習慣から生じるムダは、それだけ見れば大したことではないのかもしれません。しかし、そんな小さなムダも積み重なれば、大きなムダになります。**「ちょっとくらい……」という油断が、積もり積もってあなたの時間を奪い、残業が続く毎日を招いている**のです。

厳しいことを言うようですが、早く帰れない人は、いつまでたっても早く帰れません。ムダを生み出す悪い習慣から脱け出さない限り――。

つまり、**あなたが早く帰れないのは、ムダを生み出すあなた自身の仕事の進め方、習慣に理由がある**のです。まずは、その事実を理解してください。

☐ 時間に追われ続けるとどうなるか?

業務改善コンサルティングや研修の中で、12,000人以上の方の仕事の仕方を見てきましたが、残業が多くて仕事が効率的に進まないという方の話を聞き、時間の使い方を見ていくと、非常に多くのムダがあることに気づかされます。平均すると1日3時間程度にのぼ

ります。

1日3時間、1ヶ月で90時間、1年では1,000時間……これだけの時間をムダに過ごしてしまっていると思うと、恐ろしい気持ちになりませんか？

毎日、時間に追われて目の前の仕事にいっぱい、いっぱい。余裕のない毎日を過ごしているようでは、将来のために新しいことを勉強したり、趣味の時間をもったりすることもままならないでしょう。

しかし、変化の激しい現在、目の前の仕事をこなしているだけでは、あっという間に通用しない人間になってしまうかもしれません。

それでは、今のように時間に追われ続ける毎日からはいつまでたっても脱け出せないでしょう。

ですが、仕事の進め方、毎日のちょっとした習慣を見直して「3時間分のムダ」をなくせたらどうなるでしょうか？

時間に追われることもなくなり、やるべき仕事はサクッと終わらせて、自分のために時間を使うことができるようになりますね。浮いた時間を趣味に使ってもいいでしょうし、将来のために新しい勉強を始めることもできます。いつか叶えたいと思っていた夢に向かって、少しずつ前進していくこともできるでしょう。

漫然と時間に追われ、仕事にふりまわされた結果、気がついたら必要とされない人材になってしまうのか。それとも、ムダを省いて自分の時間をつくり、なりたい自分に少しでも近づいていくのか。

どちらを選ぶかはあなた次第なのです。

どちらの時間の使い方を選びますか？

仕事に追われて自分の時間がない

ムダをなくして自分の時間をもつ

☐ 3時間分のムダを減らして、自分の時間を取り戻そう

　この本では、1日3時間にも及ぶ仕事のムダを減らすコツを、30に分けて紹介していきます。

　ふだん何気なくやってしまう習慣から、時間の使い方、デスクまわりの環境づくり、上司や同僚とのコミュニケーション、チームメンバーとの連携や情報の扱い方を見直し、ムダを徹底的に省いていきます。

　ひとつのコツに取り組む時間の目安は、15分程度。どれも今すぐ手軽にできるものを意識して選びました。

　中には、少し面倒だなと感じるものもあるかもしれませんが、ゴールまでのステップを詳しく示しましたので、安心してチャレンジしてください。

　残念ながら、「3時間分のムダ」はすぐに減らせるものではありません。でも、一つひとつのステップをクリアしていくことで、少しずつムダを減らしていくことができます。1日1個ずつでもいいので、取り組んでいきましょう。その積み重ねが、あなたの時間の使い方を変えるのです。

☐ 時間に追われる毎日から脱け出そう！

　30のコツを実践するうえで、ぜひ意識してほしいのは、「仕事に追われる状況から脱け出す」こと。

　仕事は追われるものではなく、自分でマネジメントするものです。 どんな立場の人でも、自分の仕事はマネジメントできるし、そ

うすることで、仕事の質や効率を上げていけると私は思っています。

　この本の狙いは、そこにあります。

　仕事に追われる日々は昨日まででおしまい。

　これから紹介する30のコツを実践して、仕事を効率的にマネジメントできる「自分」を目指しましょう。この本を読み終える頃には、これまでとはまるで違う働き方、時間の使い方が実現できているはずですよ。

Part 1
悪い習慣を
ゼロにする

「いつも時間に追われているのに、なかなか成果が出ない人」と、「いつもサクッと仕事を片づけながら、成果を出している人」。その違いは、どこにあるのでしょうか？

　まず見直したいのが、「毎日の習慣」です。

　習慣とは、長い間くり返し行ううちに、当たり前に感じている行動や思考パターンのこと。

　良い習慣は良い人生をつくり、悪い習慣は人生に悪いスパイラルを生み出します。習慣は、良くも悪くも、自分の人生を形づくっていきます。

　もし、今、目の前の仕事に追われ、「自分のために使う時間」や「未来のために使う時間」をつくれていないのだとしたら、無意識のうちに染みついた習慣がムダを生み出しているのかもしれません。

　ムダをなくすことは、より豊かで充実した人生を送る第一歩。まずは、「悪い習慣」を断ち切ることから始めましょう。

01 朝のダラダラをやめる

□「時間がない」のは、朝のダラダラが原因かも？

朝のうちは、どうしてもエンジンがかかりにくいもの。調子が出ないまま仕事を始めたものの、大した仕事もしないまま気づけば午前中が終わっていた、仕事に振り回されるうちに夕方を迎えて、気づけば今日も残業……そんな経験はありませんか？

いったん、「ダラダラモード」に陥ると、本来のリズムを取り戻すことは容易ではありません。つまり、**朝の時間をどう過ごすかによって、集中して仕事に取り組めるかが決まる**といっても過言ではないのです。

いつも「時間がない」が口グセの人は、まずは朝の過ごし方を見直してみてはいかがでしょうか。

□ 朝のダラダラで効率は2割ダウン

朝のダラダラが、1日のうちにどれだけのムダを生み出しているかを考えたことはありますか？

私の感覚では、ダラダラやれば、1.2倍の時間がかかります。つまり、仕事の効率が2割も落ちるイメージです。

1日に換算すると、7時間で終わる仕事に8.4時間かかることになります。

ということは、**朝の習慣を変えるだけで、なんと1日で1.4時間ものムダが減らせる**というわけです。

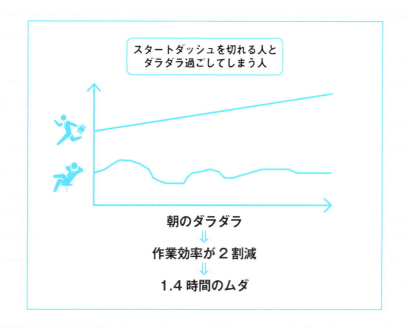

☐ 朝のスタートダッシュで、1日のリズムをつくる

・始業時間ギリギリに駆け込む
・体調管理が万全でなく、気分がすぐれない
・満員電車に揺られ、憂鬱な気分を引きずったまま出社する
・出社したものの何から手をつけていいかわからない

　こうした人は、朝の時間をダラダラと過ごしてしまいがち。頭も体も仕事モードに入る準備ができていないために、ムダな時間を過ごしてしまうのでしょう。**1日の効率を決めるのは、朝のスタートダッシュです**。自分の気持ちが自然と仕事モードに入るような習慣や自分なりのアプローチを用意しておきましょう。

Take action! 今日からやってみよう

Step ❶ 十分な睡眠を取る

　スッキリした気分で朝を迎え、スムーズに仕事モードに入るためには、十分な睡眠時間を取ることが大切です。**しっかり休んで心身ともにベストな状態に整えておくことが、仕事の質や生産性を高めることにもつながります。**

　どれくらいの睡眠を取ればよいかは、人それぞれ違います。私の場合、6時間あれば十分です。自分をベストな状態に保つのに必要な睡眠時間はどのくらいか、把握しておくとよいでしょう。

　5日間ほど睡眠時間を記録してみてください。すると、自分のベストなリズムがつかめるはずですよ。

 理想の睡眠時間を知ろう！

日付	前日の就寝時間	起床時間	睡眠時間	仕事の効率 ○、△、×で評価	ひと言メモ
（例）	25:30	7:30	6	×	飲み会のせいか 頭が働かなかった
（例）	22:30	6:00	7.5	○	余裕をもって出勤できたので 朝の段取りバッチリ
／	:	:			
／	:	:			
／	:	:			
／	:	:			
／	:	:			

Step ❷ 始業15分前に出社する

　遅くとも、始業時間の15分前には会社に着くようにしましょう。

　通勤で疲れた心身をリラックスさせ、一息ついたところで始業時間を迎えると、自然とエンジンがかかってきます。「今日も1日がんばろう」と気持ちのよい朝のスタートダッシュが切れます。

Step ❸ 好きな仕事から始める

　「やる気は高めるものではなく、迎えに行くもの」——これは脳科学者である池谷裕二さんの言葉です。

　好きなことや得意なことをやっているうちに、気づいたらやる気が高まっていることがありますが、朝、はじめにやりたいのはそうした、やる気が高まる好きな仕事や得意な仕事です。

　好きな仕事、得意な仕事でやる気を迎えに行くことができれば、朝のスタートダッシュは大成功。1日の仕事が効率的に進みます。

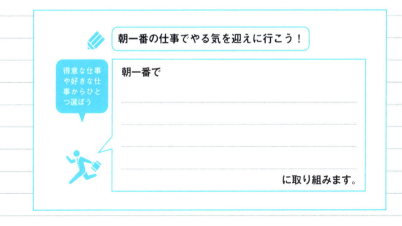

なんとなく過ごす休憩時間をゼロにする

□ 休憩時間はなんのためにあるの？

休憩時間をどのように過ごしていますか？

休憩時間の過ごし方は自由ですから、「昼休みをどう過ごすかなど、気にしたことはない」という方も多いのではないでしょうか。

しかし、たかが昼休み、されど昼休み。

午後の仕事の生産性は、昼休みの過ごし方にかかっています。

というのも、昼食のあとの時間帯は、満腹感から眠気に襲われがち。1日で最も仕事の効率が落ちやすいのです。**ここでの効率の下降カーブを最小限に食い止めるのが、昼休みの本来の目的**なのです。

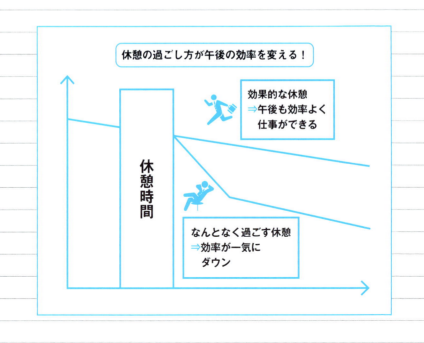

□ メリハリ休憩法で、午後の仕事効率を高める

午後の効率を決める、重要な役割を担う昼休み。

ポイントは、**しっかり休んで疲れをとりつつ、脳にちょっとした刺激を与えて思考の活性化を図る**ことです。

休んで頭スッキリ、刺激して脳活性化――。それぞれの効果、目的を以下の表にまとめます。

この両方を組み合わせて、メリハリのある休憩時間の過ごし方を工夫してみてください。この工夫が、午後の仕事を効率的に進め、早く帰ることにつながるのです。

◆ 昼休みはこう過ごそう！

休んで頭スッキリ	15分間目を閉じて脳を休める、ゆったりした気分になれる音楽を聴く、簡単なストレッチ体操で体をほぐすなど、副交感神経を活性化させるようなリラックス法がお勧め。
刺激して脳活性化	いつもと行動パターンを変えることで、視野を広げ、発想力を高める。特にデスクワーク中心の人は、外に出たり、だれかと話をしたりするなど、意識的に違う世界や景色に触れるようにする。

Take action! 今日からやってみよう

Step ❶ 食事をしっかりと味わう

休憩時間もずっとパソコンに向かっていませんか？　仕事の延長線上のような過ごし方をしていると、疲れがとれないばかりか、思考も凝り固まってしまいます。

どんなに忙しくても、食事する時は食事に専念できる状態で、じっくりと味わって食べるようにします。これだけでもオンとオフの切り替えになり、1日の流れにメリハリが生まれます。

また、おいしい料理を味わって食べれば、副交感神経も活性化され、リラックス効果も期待できるでしょう。

Step ❷ 15分間の昼寝で眠気を撃退する

頭を休ませるには、なんといっても昼寝が一番です。

ほんの5分間、理想をいえば15分間、机に突っ伏して寝るだけでも、食後の眠気が解消され、午後からの頭の冴えがまるで違ってきます。

ただし、長すぎる昼寝はかえって逆効果になることもあるので注意してください。頭をスッキリさせ、午後の仕事の効率を高めるには、15分程度の昼寝が最も効果的です。

Step ❸ 1日ひとつ、いつもと違うことをする

ずっと社内で仕事をしていると、視野がどんどん狭くなり、脳も硬直してしまいます。特にデスクワークが中心の人にとって、休憩時間は思考のマンネリを打破できる貴重なチャンスです。

昼休みは、意識的に行動パターンを変えてみましょう。

34　　Part 1　悪い習慣をゼロにする

たとえば、あるセミナーの参加者は、「毎日違う階のトイレに行き、歯を磨いている」と話していました。

何かひとつでも、いつもと違うことをすることで、脳が刺激され、午後からの仕事の効率を高めるとともに、新たな価値を生み出しやすくなります。

なんとなく過ごしてしまいがちな休憩時間ですが、テーマを決めて日々の変化を楽しんでみてはいかがでしょう。

 昼休みにできる「新しいこと」をリストアップしよう

- ☐ いつもと違う人とランチをする
- ☐ いつもと違う場所でランチをする
- ☐ いつもと違う料理を注文する
- ☐ いつもと違うお弁当を買ってみる
- ☐ いつもと違う道を通ってみる
- ☐ いつもと違う人と会話をする
- ☐ いつもと違うトイレを利用する
- ☐ いつもと違う飲み物を買ってみる

（思いついたものを書き足しましょう）
- ☐
- ☐
- ☐
- ☐
- ☐

"ズルズル残業"をゼロにする

□「残業は仕方がない」とあきらめていませんか？

　連日の残業をなんとか減らしたいとこの本を手にとった方も多いはず。では、そもそもどうして、残業はなくならないのでしょうか。

　なんとなくダラダラと仕事をしているうちに、気がつけば、もう18時。でも仕事がまだ終わらない。仕方ない、残業するか――。
　もちろん、夕方になって急なトラブルが発生し、その対処のためにやむを得ず残業、ということはあるでしょうが、仕事が終わらないため仕方なくする残業もあります。また、営業アシスタントのようなサポート的な役割の方からは、「定時で帰ろうとしても、仕事を頼まれると帰るに帰れない」といった悩みもよくうかがいます。

　残業はできればしたくない。でも、残業があるのは仕方ない――。
　そう考えている方も多いかもしれませんが、本当にそうでしょうか。

　少し厳しい言い方になりますが、「残業は仕方がない」と自分に言い訳をして、あきらめていませんか？
　「定時までに終わらなければ、残業すればいいや」と心のどこかで思っていると、残業はなかなかなくなりません。
　そういった考え方が、残業を生み出しているのです。

□ デッドラインを決めなければ、仕事は永遠に終わらない

　「残業は仕方がない」と考えるのは、まったくの思い込み。**ほとん**

どの残業は、自分の裁量でなくすことができるのです。

　ただし、そのためには、**意思をもって「自分の時間」をマネジメ
ントしていく**ことが欠かせません。

　まず、残業をなくすために不可欠なのは、「デッドラインの設定」
です。

　たとえば、「明後日から夏休みで海外旅行に行く」となれば、何が
何でも仕事を終わらせようとするでしょう。

　あるだけの時間を使おうとすると、ついダラダラしてしまいます
が、「何時までに終わらせよう」と目標を設定すると、一気に効率が
上がります。

　これを**「締めきり効果」**といいます。

　この「締めきり効果」を日々の業務にも取り入れることで、仕事
の効率を高めて、ムダな残業をなくしていきましょう。

　たとえば定時が17時なら、17時までに仕事を終わらせるにはどう
するかを考え、実行に移せばいいのです。

　毎日の残業に甘んじて、貴重な時間をムダに使うのか。それと
も、ズルズルと残業する毎日から決別して、「自分の時間」を取り戻
して充実した毎日を送るのか。

　すべてはあなた次第なのです。

Take action! 今日からやってみよう

Step ❶ 「今日は定時に帰る」と決める

1日の仕事にデッドラインを設けることが、残業と決別するための第一歩。「できるだけ定時に帰ろう」ではなく、「今日は絶対に定時に帰る！」と心に決め、定時を意識して仕事を進めるようにします。

Step ❷ 仕事が終わってからやることを決める

とはいえ、「今日は定時に帰る」と思っているだけでは、仕事が終わらなかった場合に、「残業」という選択肢を選んでしまいます。「定時に帰る」という決心を揺るがせないために、「絶対に定時で帰らなければならない状況」をつくっておきましょう。

友人との食事、イベントなどの予定でもいいでしょうし、気になっていたカフェに行く、欲しかった家電を見に行くでもいいでしょう。定時までに仕事を終わらせた時のご褒美をひとつ決めておくと、締めきり効果が一層高まること間違いありません。

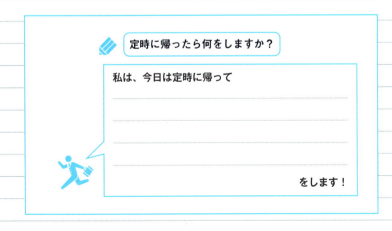

Step ❸ 定時の2時間前に立ち止まって仕事を見直す

　定時までに確実に仕事を終わらせるために、定時の2時間前にいったん立ち止まって、仕事を見直す習慣をつけましょう。定時が17時なら、15時頃が目安です。仕事の進捗を確認するとともに、残りの2時間をどのように使うかを考えます。

　見直しのポイントを次の図にまとめますが、**「今日やらなければいけないこと」に集中する**のが、基本的な考え方です。ぜひ試してみてください。

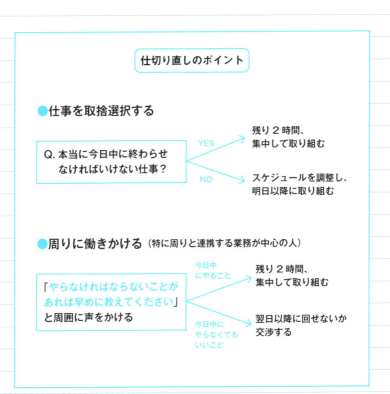

苦手なことの先送りをゼロにする

☐「なんか大変そう」で仕事から逃げていませんか？

　苦手意識からつい先送りしてしまう仕事はありませんか？
　提案書や企画書のように考えなければならない仕事（ナレッジワーク）や、経験したことのない仕事に対しては、どうしても腰が重くなってしまい、なかなか手をつけられない人も多いようです。
　そのため、ついついやり方が決まっていて慣れている定型業務（ルーティンワーク：データ入力など）を優先してしまいがち。そして、苦手な仕事を先送りするうちに、使える時間が減っていきます。その結果、思うような質に仕上がらず、やり直しをしなければならなくなり、気づけば今日も残業……。そんな悪循環に陥ってはいないでしょうか？

☐「なんとなく苦手なもの」をほぐしてみる

　なんとなく負担に感じて先送りしていた仕事だったけれど、やってみたら大して難しくはなかった。これならもっと早く始めればよかった――。
　一方で、こんな経験もあるのではないでしょうか。

　苦手意識は、対象のことをよく知らないために生まれます。
　特に、はじめて取り組む仕事は、どれだけ大変なのかの予想がつかず、「すごく時間がかかりそう」に思えます。ゴールが想像できないので、ゴールまでの道筋はおろか、何から手をつけていいのかさえわからないこともあります。
　こうした**苦手意識を払拭するには、大きなかたまりを小さく分解**

すること（＝チャンクダウン）が効果的です。一つひとつのかたまりが小さくなれば、それに取り組む負担感も軽くなります。また、一つひとつ片づけていけばゴールにたどり着けるという見通しも立ちます。

考え方は旅行のプランを段取りする時と同様です。

旅行に行く時は、「旅行で何がしたいか」、「どんな旅行にしたいか」をまずは考えるでしょう。知らない町を散策したいのか、自然を満喫したいのか、おいしいものを食べたいのか、目的によって行き先が決まります。行き先が決まったら、交通手段や宿泊先、お金や持ち物の準備など必要な要素を分解し、ひとつずつ準備していきます。これを積み重ねていけば、海外旅行の準備は万全です。

仕事も、**目的や目標を明らかにしたうえで、実現のための道筋を分解していけばいいのです**。これが、苦手な仕事に取りかかるハードルを下げ、仕事の先送りをなくすためのコツです。

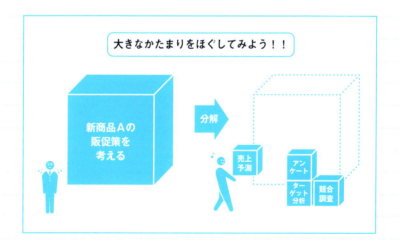

Take action! 今日からやってみよう

Step ① 仕事の「サイズ」を確かめる

「なんとなく大変そう」という漠然とした不安を払拭するために、仕事のサイズ感を把握することから始めます。

まずは、これから取りかかる仕事に関連する資料やデータにざっと目を通し、**「関連する部分はどこか」、「どの部分を参照すればいいか」を見ながら、全体の「サイズ感」を確かめます。**

この時、資料やデータをもとに提案書をどうまとめようとか、企画書のコンセプトをどうしようとか、具体的に考え始める必要はありません。**これから取り組む仕事がどんな内容で、どのくらいのボリュームなのか（どのくらい難しそうか、どのくらい時間がかかりそうか）**を探るだけで十分です。

登山を例にすれば、ガイドブックを見て、これから登る山の高さやコースタイムを知るといったところでしょうか。なんだか大変そうだ、という漠然とした不安を取り除くのがここでの狙いです。

Step ② 仕事の「目的」と「目標」を明らかにする

これから取りかかる仕事のサイズ感をつかんだら、次に仕事の「目的」と「目標」を明確にします。

◆ 仕事の目的と目標を明らかにしよう

目　的	その仕事で実現したいこと （例：店舗向けに自社商品を提案する場合…自社商品を取り扱ってもらうこと）
目　標	目的を達成するためにその仕事が目指す状態 （例：店舗向けに自社商品を提案する場合…自社商品を取り扱うことによるメリットや効果がしっかり伝えられている状態）

目的は、「その仕事によって実現したいこと」です。一方の目標は、「目的を達成するためにその仕事が目指す状態」であり、「目的を達成するためにクリアすべき具体的な指標」ともいえます。

つまり、「目標を達成することで、目的に近づくことができる」のです。

これは自分でしっかり考えたいところですが、それでもはっきりわからない時は、上司、先輩、同僚に相談してみましょう。

Step ❸ 「完成のイメージ」をつかむ

次に、目標を達成するのに相応しい「完成」をイメージします。

これはつまり、「アウトプットの体裁を考える」ということです。

アウトプットの体裁には、提案書や企画書、マニュアル、チェックリスト、データ集、事例集などがあります。

最初から提案書や企画書など体裁が決まっている場合はそれに従いますが、特に決まっていない場合は、目標を達成するのに最も適した体裁を選択します。

◆ 目標に応じて適切な体裁を選択する

○相手に提案する、考えるきっかけを与える→**提案書**

○アイデアを実施可能レベルに落とし込む→**企画書**

○確認事項を抜け・モレなく確認したい→**チェックリスト**

○手順や使い方、ルールなどを体系化して伝える→**マニュアル**

○具体的なケースを紹介する→**事例集**

○客観的事実をデータで示す→**データ集**

Step ④ 「目標」と「完成のイメージ」に至るまでの手段を明らかにする

目的、目標、完成のイメージがわかったら、ここではじめて「どのようにすればいいか」という、具体的な手段を考えます。

考えることは大きく分けて2つ。**「目標の状態を実現するための手段」**と、**「完成のイメージを実現するための手段（＝構成）」**です。構成については、提案書や企画書、チェックリスト、マニュアルなどの場合、下の図の構成を参考にするか、過去につくられた同じような資料の構成を参考してみましょう。

仕事をここまで分解できれば、あとは手段を一つひとつ実行していくだけ。どんなに苦手意識のある仕事でも、必ず成し遂げることができるはずです。

05 完璧主義をやめる

□「完璧の罠」に陥っていませんか?

丁寧でミスがない仕事は評価されます。

かといって完璧さを追求するあまり、時間をかけ過ぎて、締めきりに遅れてしまえば本末転倒です。また、ひとつの仕事にかかりきりになり、ほかの仕事に十分な時間を割けなければ、焦りからミスを引き起こしかねません。

マジメな人ほど完璧を求めがちですが、**時間をかけた分だけ、仕事の質が高まるわけではない**のです。

特に提案書や企画書の作成、新商品のアイデア出しのような仕事(ナレッジワーク)は、「完璧の罠」に陥りやすいので要注意。

仕事には、「これが正解」というわかりやすい答えがあるわけではありません。どのくらいの質を求めるべきか、その勘所をつかめるかどうかは、仕事の効率を大きく左右します。

□ ナレッジワークの価値は「質<時間」

仕事とは、限られた時間の中で質を高めていくものです。質を追求し過ぎれば、時間がかかり過ぎます。反対に時間を削り過ぎると、質を犠牲にしなければなりません。

では、「時間」と「質」のどちらを優先すべきでしょうか。

仕事においては、「時間」が優先です。

はじめにその仕事にかけられる時間を見積もり、その時間内で到達できる質のレベルを妥協点とします。限られた時間内で可能な限りの質を求めるなら、**「8割くらいの完成度」**が目安です。

「8割の完成度」を目指すうえで、どの部分に集中し、どの部分を切り捨てるのかは重要な問題です。大事なのは、「仕事の肝は何か」を理解し、そこに集中して取り組むことです。

仕事の肝とは、相手の期待や要望、意図に沿うことや、ミスをしないなど、「これだけは外してはいけないポイント」のことです。肝さえ押さえておけば、そのほかは切り捨てても、8割の完成度に近づくことができるはずです。一方、肝を外せば、いくら時間をかけても、完成度は8割どころか5割にも満たなくなってしまいます。

仕事の肝を見つけて、それに集中できるかどうかで、ムダなく仕事を進められるかどうかが決まるといっても過言ではありません。

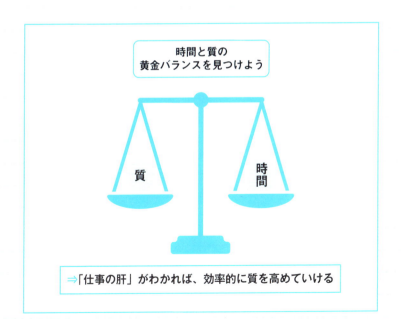

Take action! 今日からやってみよう

Step 1 「仕事にかける時間」を決める

　仕事に取りかかる前に、その仕事にかける時間を決め、その時間内で到達できる最高の質を追求するようにします。

　どの仕事にどれだけの時間をかけるかは、仕事の種類（ルーティンワークかナレッジワークか）によって異なります。

　ルーティンワーク（データ入力やメール送付、日報作成など）にかける時間は、あらかじめ作業時間を計って、自分の標準時間を把握しましょう。たとえば、平均的な長さのメールを1通送るのに、どれだけの時間がかかるのか。朝のベストコンディションの状態で作業時間を計り、それを標準時間に設定します。メール対応のほかにも、データ入力、請求書発行など、**日常的に行う業務について標準時間を把握しておきましょう。**

　なお、標準時間とは、あくまでもベストコンディションで行う場合です。効率が落ちる午後の時間帯（13時〜15時）に作業をする場合は、2割増しの時間がかかると思っておきましょう。

ルーティンワークの標準時間を把握しよう	
仕事内容	**標準時間**
（例）日報作成	15　分
	分
	分
	分
	分
	分

一方、ナレッジワークは、毎回内容が異なるため標準時間を把握することは難しいかもしれません。ですので、**1日の勤務時間から当日中にやらなければいけないルーティンワークの時間を差し引いて、その仕事にかけられる時間を逆算して考える**方法をお勧めします。

　たとえば、今日中にデータ入力2つと、提案書の作成という3つの仕事をしなければいけない場合を考えます。まずはルーティンワーク（データ入力）の標準時間を考えると、午前中いっぱいはかかりそうです。だとしたら、残りの時間（この場合は、午後の4時間）が、今回の提案書作成にかけられる時間です。

Step ❷ 外してはいけない「仕事の肝」をつかむ

　限られた時間で、8割の完成度を目指すために、仕事の「肝」となる部分を見つけます。仕事の肝は、「その仕事の目的は何か」、「達成すべきゴールは何か」を考えると見つけやすいでしょう。

　以下の3つの例を参考に、仕事の肝を考えてみましょう。

 Case 1 「来週営業先に持って行く提案書をつくってくれないかな？」

　提案書をつくる目的は、顧客の「Yes」を引き出すこと。

　どうすれば顧客の「Yes」を引き出せるかといえば、顧客の抱えるお困り事や課題に対して、解決策を提示できた時です。つまり、**「顧客目線での課題解決」** が提案書作成では外せない肝の部分といえます。

> **Case 2** 「渋谷近辺でホテルを予約しておいてくれる？
> 予算は1万2千円まで。快適な場所を頼むよ」

　ここで達成すべきゴールは、依頼者が満足するホテルを予約することです。では、どんなホテルなら依頼者は満足するでしょうか。「快適な場所」とひと言でいっても、求める快適さは人それぞれ違います。こういう時は、どういうものを望んでいるのか、「こだわり」を具体化していきます。仕事の依頼者に直接確認できると確実です。

　たとえば、上記の場合、依頼者にこだわりを確認したところ、「睡眠が次の日のパフォーマンスに影響するから、ぐっすり眠りたい」との返事でした。そういうことであれば、防音設備やベッドの品質あたりが外せない肝の部分になると考えられます。

> **Case 3** 「この資料、今日中に取引先にメールで送っておいてくれる？」

　メール送信のようなルーティンワークの場合、達成すべきゴールは「ミスのない仕事」です。メール送信の場合は、メールアドレスと添付ファイルを間違えないこと。ダブルチェックを行い、ミスなく期限までに対応することが、仕事の肝といえます。

06 うっかり忘れをゼロにする

□ ミスの8割は「うっかり」が原因

　早く帰りたいのに帰れない理由のひとつに「ミス」があります。

　ミスのせいで、急いでやり直しをしなければならなくなってしまって、気づけば定時を過ぎているということもあるでしょう。仕事を効率化して、早く帰れるようになるためにもミスはなくしたいものです。

　では、そもそもどうしてミスが起きるのでしょうか。

　職場のさまざまなミスの原因を分析していくと、「うっかり忘れ」に「うっかり間違い」、「うっかり勘違い」——こうした「うっかり」が原因のミスは、なんと日常で起きるミスの8割を占めています。

　つまり、「うっかり」をなくすだけで、ミスの大半をなくすことができるのです。

　特に多いのは、「うっかり忘れ」。打ち合わせ用の資料を用意していたのに、当日持って行くのを忘れてしまった。あるいは、書類提出の期限をうっかり忘れていた——。

　こうした、些細な「うっかり」が、納期遅れや会社の信用失墜など取り返しのつかない事態を招くことがあります。また、「あっ、忘れてた！」とそのあとの予定をずらして最優先で取り組まなくてはならなくなり、ほかの仕事に影響が出たり、焦りからミスや仕事の質の低下を招いたりします。

　「うっかり忘れ」はムダの連鎖を引き起こすのです。

□ 「ここまでやるの？」というほどのしつこい対策をしよう

　うっかり忘れは、「忘れないようにしよう」と注意するだけでは、

解決できません。なぜなら、**人はうっかり忘れる生き物**だからです。

　直前までは覚えていても、ほかの仕事が入ればそちらに意識が向いてしまいます。上司からの割り込みや、同僚、後輩からの相談、顧客からの電話など、職場には気が散る要素が山ほどあります。ひとつのことだけに集中できない環境だからこそ、**「うっかり忘れ」は起きるべくして起きる**のです。

　だとしたら、「うっかり忘れてしまう」という人間の特性を理解したうえで、**「うっかり忘れを未然に防ぐための対策をとる」**のが正しい解決法なのでしょう。

　忘れないうちに、その場でメモ帳に書き留める。ただし、「先々にやるべきこと」は、時間が経つと、書いたこと自体を忘れてしまったり、どこに書いたのかわからなくなったりする恐れがあります。だから、メモ帳に書き留めただけで安心せず、ToDoノートに転記して二次加工したり、動線上に付せんを貼ってアクションにつなげるなど、忘れないための対策を二重三重にとりましょう。

　うっかり忘れが起きる最大の要因は、自分への過信といってもいいでしょう。「これくらいは忘れないから大丈夫」という過信がいちばんやっかいです。

　「ここまでやるの？」と、少ししつこく思えるくらいの対策が、「うっかり忘れ」を防ぐのです。

Take action! 今日からやってみよう

Step ❶ やるべきことをモレなく書き留める

　小さなメモ帳を1冊用意します。これをいつも持ち歩き、「やるべきこと」が発生したら、その場で書き留めます。**どこに書いたかわからなくなることを防ぐために、1冊に集約する**のがポイント。すぐにやるべきことは、その日のうちに実行に移します。

スケジュールを管理する手帳のほかに、メモ帳とToDoノートを準備します

Step ❷ 「いつやるか」を決めて、ToDoノートに書き写す

　すぐに実行に移さないもの、すなわち**「先々にやること」は、「いつやるか」を決めて、ToDoノートのその日の欄に転記**します。
　たとえば、3月15日に博多－大分の往復切符を買わなければならないとすると、3月15日の欄に「博多－大分の往復切符購入」と書き写しておきます。
　そして、**ToDoノートは毎朝確認し、その日にやるべきことを実行**

に移します。

　ToDoノートは市販のものもありますが、スケジュール帳を代用することもできます。A4ノートを使う場合、日付を記入し、いつやるかを決めてその日の欄にやることを書き、見える化します。

ToDoノートは、日付の入ったA4サイズがお勧めです

Step ❸ 付せんを使って動線上にメモを残す

　ToDoノートを毎朝確認して、「今日はこれをやらなきゃ」と意識していても、うっかり忘れてしまうこともあります。

　その防止策として、その日にやるべきことを付せんに書き、必ず目にする場所に貼っておきます。

　必ず目にする場所は、その日の行動パターンを考慮して考えます。「3月15日博多－大分の往復切符購入」でいえば、3月15日の朝、「九州・チケット購入」と書いた付せんをSuicaに貼ります。駅でSuicaを取り出した時に必ず付せんが目につくので、忘れずに切符を買うことができるでしょう。

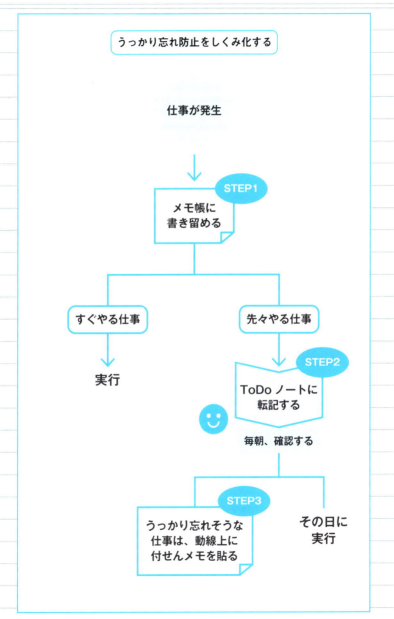

"落ち込みグセ"をゼロにする

□ マインドワンダリング──1日の半分以上がムダな時間!?

　上司に叱られたり、提案を却下されたりと、仕事をしていると落ち込むことはあるでしょう。また同じ失敗をくり返すのではないかと不安になることもありますし、思い通りにならない社内の人間関係にイライラすることもあるでしょう。

　人間は感情の生き物ですから、悩みや不安から完全に解放されることはありません。しかし、こうしたモヤモヤをいつまでも引きずっていると、やるべきことに集中できず、仕事の効率に悪影響を及ぼすことになります。

「過去の出来事」や「未来への不安」に思い悩むことを、「マインドワンダリング (心の迷走)」と呼びます。NHKスペシャル「シリーズ キラーストレス」によると、**人はなんと、起きている時間の47%をマインドワンダリングに費やしている**そうです。

　つまり、私たちは、「自分ではどうにもならないこと」や「自分勝手な妄想」に1日の半分をムダにしていることになるのです。

　これでは、仕事の効率が上がるわけはありません。

□「自分マネジメント」で気持ちを切り替える

　自分ではどうにもならないことを、いつまでも引きずっていても仕方がありません。「過ぎ去った出来事」や「ありもしない未来」から、「今」に気持を切り替え、今という時間を充実させることが、ムダのない時間の使い方につながります。

　過去の失敗に対して「なぜあんなことをしてしまったのだろう」

と後悔するのではなく、失敗した理由や要因を分析して、挽回するためにできることはないか考えます。できることがあれば実行し、打つ手がなくても、くよくよとした悩みはきっぱりと捨て、次に進むのが正しい選択です。

とはいえ、落ち込んだ気持ちはなかなか切り替えられないものです。逆にいえば、**気持ちというものは、切り替えようと思って切り替えられるものではない**のかもしれません。

むしろ、意識して体を動かしたり、環境を変えることで、落ち込みの連鎖を食い止められることがあります。悶々とした"悩みの壺"から脱け出す自分なりのアプローチ法を用意しておきましょう。

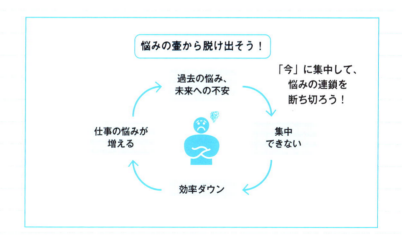

Take action! 今日からやってみよう

Step ❶ 深呼吸で落ち着きを取り戻す

気分を落ち着かせるには、深呼吸が効果的です。

なお、深呼吸は、吸うことよりも、吐くことを意識します。

フーッと息を吐くことで、自分の中にあるモヤモヤやイライラを体の外に放出するイメージです。

マインドフルネスという言葉をご存知ですか？ マインドフルネスとは、「今、この瞬間に完全に意識を向けた状態」のこと。生産性向上を目的として、Googleがマインドフルネス瞑想を社員教育に取り入れたことで注目を集めました。マインドフルネスの実践にも深呼吸が有効なのです。

Step ❷ ストレスを感じる場所から離れる

人の感情は、場所からも影響を受けます。**嫌な気持ちを断ち切るには、その場からいったん離れる**こともひとつの方法です。

上司に怒られて落ち込んだ時は、まず席を立ってみましょう。見える景色が変われば、視野が広がり、自分が置かれた状況を冷静に見つめ直すことができます。

また、お手洗いに行って、冷たい水で手を洗うのも効果的。そして、鏡に向かってニッコリ。無理にでも口角を引き上げ、笑顔をつくることで、「今は楽しい気分なのかな」と脳が勘違いして、自然と気分が晴れやかになっていきます。ぜひ試してみてください。

Step ❸ 気晴らし方法をリストアップ

自分が楽しめることに没頭するのも、気晴らしには効果的です。

自分なりのストレス解消法をリストアップしておき、ストレスの状況に応じて実践するようにします。

気晴らしの方法は、気分が高揚して一瞬で元気になれる「エクササイズ系」だけでなく、疲れた心に栄養を与える「リラックス系」の両方をもっておくとよいでしょう。

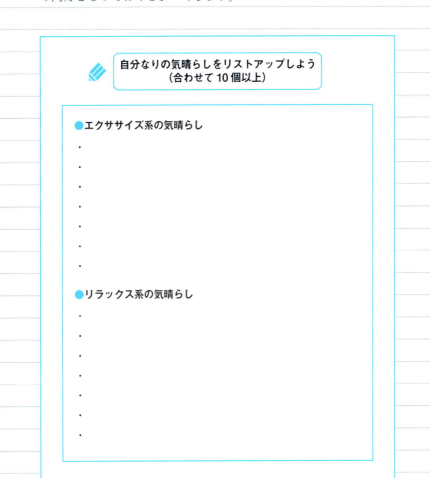

**自分なりの気晴らしをリストアップしよう
（合わせて10個以上）**

● エクササイズ系の気晴らし

● リラックス系の気晴らし

Part 2
段取りのムダを
ゼロにする

ここまでで、ダラダラや先送り、うっかり忘れ、落ち込みグセなどの悪い習慣を断ち切り、気分よく毎日を過ごせるようになりました。

　次は、1日の流れをコントロールし、より理想的な時間の使い方ができるようになるためのコツを紹介していきます。

　1日の時間をムダなく効率よく使うには、メリハリを意識することが大切です。当たり前ですが、人間はずっと集中し続けることはできません。忙しいからといって休みなく仕事をしても、頭と体が疲れれば、余計にダラダラしてしまい、仕事の効率は下がる一方です。

　集中する時には集中し、力を抜く時には抜く。このメリハリを時間帯や曜日によって組み合わせ、また仕事の種類や性質によっても力の入れ具合を変えていくのがポイントです。時間の使い方にメリハリをつけることで、ムダな時間を減らし、「自分の時間」を取り戻すことができます。

　取り戻した時間を、未来をつくるために投資しましょう。それが、人生に良いスパイラルを生み出すのです。

08 仕事に振り回される時間をゼロにする

□ いつも仕事に追われているのはなぜ？

　いつも仕事に追われている —— そんな感覚はありませんか？
「今日中にこの資料を作成して」と上司から頼まれて引き受けたものの、定時の2時間前、まだ半分も終わってないことに気づく。「このままでは間に合わないかもしれない……」、そう焦っている時に限って、取引先から問い合わせを受けたり、後輩から相談を受けたりして、パニック状態。そして、あっという間に定時を過ぎ、残業をして資料作成の続きをやらなければいけなくなってしまう……。
　このように**仕事に追われてしまう一番の原因は、行き当たりばったりで仕事を進めていること**です。
　やりやすい仕事から始めて、時間のかかる重要な仕事を後回しにしたり、上司や先輩から頼まれた仕事を、来たものから手をつけていたりすると、あっという間に時間が足りなくなってしまいます。
　これこそ、「仕事に振り回されている」状態です。

　仕事に振り回されていると、早く帰れないのはもちろんのこと、仕事の質にも悪い影響をもたらします。本当はある程度の時間をかけて取り組むべき大事な仕事にも、十分な時間を割けずに、クオリティの低い仕上がりになってしまうこともあるでしょう。
　仕事に振り回されてすべてが中途半端になっているのだとしたら、それは実のある時間の使い方とはいえません。

□ 段取りが仕事の質を決める！

　仕事に振り回されないために最も大切なこと、それは「段取り」

です。

　段取りとは、一般的には「どの順番で仕事を片づけていくのか、それらをいつまでに終わらせるのかを事前に決めておくこと」です。仕事に優先順位をつけてスケジュールを立てることと言い換えることができるでしょう。

　ただし、私がお伝えしたい「段取り」には、もう少し広い意味があります。**段取りとは、「仕事を効率的にマネジメントすること」であり、「自分の意思をもって仕事を進めていくこと」が段取りのポイント**です。段取りが仕事の質を決めるといっても過言ではないほど、とても大切なスキルなのです。

段取りのポイント

Point1：優先順位を決める
- 限られた時間で効率的に仕事を進めていくために、「どの仕事からやるか」、「どの仕事にどれくらいの時間をかけるか」を判断する
- 判断基準は、「緊急度」と「周りや将来への影響度」

Point2：1日のリズムに合ったスケジュールを立てる
- 集中力の高まる時間帯、集中力が低下する時間帯がある
- 1日のリズムを考えてスケジュールを立てることで、効率よく仕事に取り組めるようになる

Take action! 今日からやってみよう

Step ❶ その日にやるべき仕事を「見える化」

1日の段取りを組むにあたり、**まずはその日にやるべき仕事を書き出し、仕事の全体像を把握**します。

ToDoノートに書き写した仕事や、前日までに上司から頼まれた仕事、顧客からの依頼メールの内容など、すべて書き出します。

Step ❷ 仕事に優先順位をつける

書き出した仕事のリストを眺め、**「緊急度」** と **「周りや未来への影響度」** を基準に優先順位を判断します。

◆優先順位の判断基準

緊急度	納期が迫っている仕事や、納期までに時間のかかる仕事は、「緊急度が高い」と判断する
周りや未来への影響度	次工程がある仕事（自分の作業が遅れると、次工程やチーム全体の仕事を滞らせてしまうもの）や、新規顧客開拓に関わる業務、部下育成、マニュアル作成など、未来の業績向上や仕事の効率アップにつながるものは、「影響度が高い」と判断する

緊急度と影響度の2つの軸で優先順位を考えたのが次ページのマトリックスです。**最も優先順位が高いのは、（A）の「緊急かつ影響度が高い仕事」**。次に、（B）の「緊急だが影響度の低い仕事」と、（D）の「影響度は高いが緊急ではない仕事」が続きます。一方、（C）の「緊急でなく、影響度も低い仕事」は、あえて「やめる」という判断が必要かもしれません。

64　Part 2　段取りのムダをゼロにする

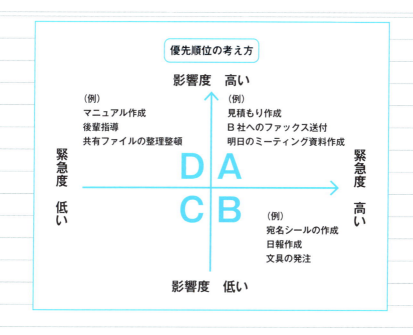

Step ❸ リズムを考えたスケジュールをつくる

優先順位に従い、1日のリズムを考えながら、仕事を最適な時間帯に組み込んでいきます。

まず、(A)の仕事は、最も集中力が高まる午前中に終わらせます。そして、午前中の残りの時間で先送りしがちな(D)に取り組みます。昼食後は、どうしても効率の落ちる時間帯。ここは、リズムをつくりやすい(B)の仕事に取り組みます。それ以外の時間の使い方は、次ページの図を参照してください。

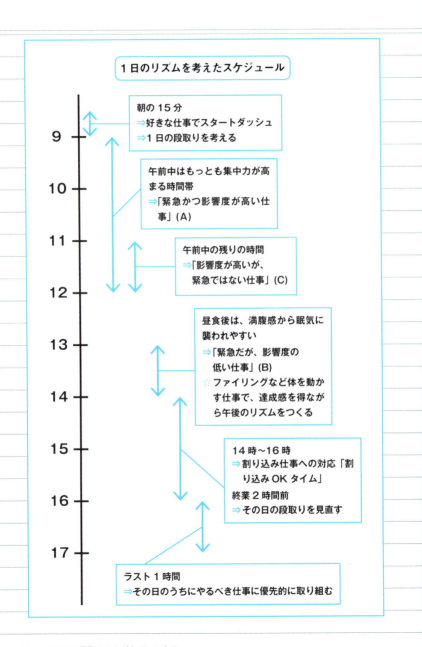

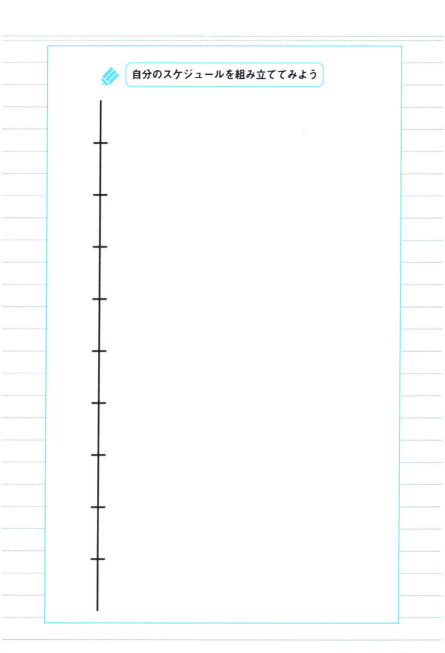

09 「先のことまで手が回らない!」から脱け出す

□「先送りしがちな仕事」が未来を変える

優先順位を意識して仕事に取り組んでいても、段取りどおりに進まず時間が足りなくなると、**「また今度」と先送りしがちな仕事**があります。

それが「影響度は高いが、緊急ではない仕事」です。

たとえば、キャビネットのファイル整理やお問い合わせに即座に対応するためのQA集作成など、「時間ができたらやろう」と思ってはいるものの、目の前の仕事に追われてなかなか手をつけられていないという方も多いはず。

こうした仕事は、後回しにしたからといって、今すぐ大問題に発展するわけではありません。また、やったからといって、すぐ成果に直結するものでもないかもしれません。

でも、キャビネットの中が整理されていれば必要なファイルを探す時間が省けますし、お問い合わせ対応のためのQA集があれば、お客さまを電話口でお待たせすることもなくなるはずです。

こうした**「未来をより良く、楽にするための時間」、「未来の自分を助ける仕事」にかける時間は、毎日の仕事がどれだけ忙しくても、ぜひとも確保したいものです。**

「未来の自分を助ける仕事」には、ほかにも業務マニュアルやチェックリストの作成、顧客リストの作成、後輩の指導、関連業界の情報収集、デスクの整理整頓などが考えられます。

こうした仕事に取り組むことで、あなたの仕事、そして職場全体の仕事の質が高まるはずです。

□「いつかやろう……」では絶対にやらない！

「影響度は高いが、緊急ではない仕事」は、「時間ができたらやろう」と思っているだけは、いつになっても手をつけることができません。

　ですから、ここは思い切って「いつやるか」を決め、「未来への投資の時間」をスケジュールに組み込んでしまいましょう。

　P.66では、「影響度は高いが、緊急ではない仕事」に毎日時間を割り当てることを提案しました。

　ただ、仕事内容によっては、もっとまとまった時間が必要なケースもあるでしょう。そこで私は、**1週間のうちで2時間程度、「未来への投資のための時間」を確保する**ことを提案します。

　緊急ではない仕事に、2時間もの時間を割くのは難しいと思うかもしれませんが、「なんのためにそうするのか」を思い返してみてください。

　仕事効率を高め、残業をなくし、充実した人生を送るためです。

　ここで捻出した2時間が、将来それ以上の効率アップや成果を生み出すことは間違いありません。

　決意して、すぐに行動するかどうかが、あなたの未来を変えるのです。

Take action! 今日からやってみよう

Step ❶ 「未来への投資の時間」にやりたいことをリストアップする

「いつかやろう」と思って後回しになっている仕事、「時間に余裕ができたらやりたい」と思っている仕事をリストアップしておきましょう。

手帳やメモ帳などを使って、普段から書き留めておくことをお勧めします。

 「投資の時間でやること」を書き出してみよう

-
-
-
-
-
-
-

Step ❷ やることの優先順位を決める

何から取りかかるかを決めます。

どれも緊急度は高くないので、**「未来への影響度」が大きいものから優先的に取りかかるようにします。**

Step ❸ 1週間のうち「2時間」の投資時間を確保する

　週のはじめに1週間のスケジュールを眺め、余裕のありそうな曜日と時間帯を選び、2時間の「投資時間」を確保します。
　最も投資時間に適しているのは、火曜日の午前中です。 火曜日は1週間のうちで最も集中力が高まるため、時間を確保しやすいでしょう。
　休み明けの月曜日や、週の最後の金曜日は、やるべきことが多くなりがちで、時間の確保は難しいかもしれません。また、多くの会社が「ノー残業デー」を導入する水曜日や、1週間のうちで最も効率が落ちる木曜日も、投資時間の確保には適さないといえます。

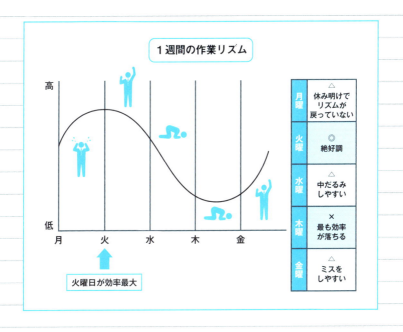

10 「ダラダラと過ごす時間」を ゼロにする

□ 段取りを組んでも、実行できない理由

優先順位を考えて1日の段取りを組んだものの、予定どおりに進まず、結局、残業に突入……そんな経験はありませんか?

段取りは完璧なのに、うまくいかない原因は、段取りを組んだだけで安心していることにあるでしょう。

どれだけいい計画をつくっても、それを実行できるかどうかは別問題。特に朝のうちは時間がたっぷりとあるように思えるため、「この仕事が予定時間より遅れても、あとで巻き返せるはず」とか、「終業時間までに帳尻を合わせればいいや」などと思いがちです。

でも、いったん、ダラダラし始めると、理想のペースを取り戻すのは容易ではありません。

段取りを実行するためには、一つひとつの仕事に対して、「30分」、「1時間」単位で目標時間を設定します。「定時までに終わらせればいいや」というざっくりとした目標意識では不十分です。

そして、「何時までに終わらせよう」と締めきりを意識して、一つひとつの仕事に取り組みましょう。

1日の中に細かく締めきりを設定することで、仕事の生産性を格段に高めることができます。また、「この仕事はこれで終了!」とテンポよく進めていけば、達成感も得られてモチベーションも高まります。いいコンディションを維持しながら、仕事が進められるのです。

□ いつでも、「10%減」を目指そう

段取りは、それぞれの仕事の標準時間 (P.48参照) をベースに考

72　Part 2　段取りのムダをゼロにする

えて組まれていますが、生産性を高めていくため、工夫を加えましょう。

　たとえば、見積もりを作成する際の標準時間は30分だったとします。これに対して、「次は3分短縮して、27分でやってみよう」とゲーム感覚で取り組んでみます。

　小学生の頃の体力測定を思い出してください。

　垂直跳びで、手をまっすぐ上に伸ばしてジャンプ。最初に指の先が触れた場所よりも5センチ高い場所に印をつけ、そこを目指して二度目のジャンプ。すると、ほとんどの場合は到達できたはずです。

　仕事でも同じ。2倍の目標はハードルが高すぎますが、「あと5センチ」のレベル感、「あと1割早く」なら、達成できる可能性は十分あります。

　仕事では、「質」と「量」の両方を高めていく必要がありますが、まずは、自分で計ることができる時間短縮という「量」のレベルアップに取り組んでみましょう。**毎日少しずつスピードアップしていく「微の集積」が、後に大きな差となって成長につながる**はずです。

「1割短縮」の積み重ねが、大きな成長につながる

Take action! 今日からやってみよう

Step ❶ レベルアップさせたい仕事を選ぶ

レベルアップさせたい仕事をひとつ選びます。**1週間かけて、その仕事のレベルアップに取り組んでいきます。**

定型業務（ルーティンワーク）を対象にすると、締めきり効果によるレベルアップを実感しやすいでしょう。まずは、入力作業や見積もり作成、顧客へのメール送信などのスピードアップを目指しましょう。

> 📏 **レベルアップしたい仕事を選ぼう**
>
> 定型的な仕事からひとつ選びましょう
>
> **今週は**
>
> **をレベルアップさせます！**

Step ❷ 「1割減」の目標時間を設定する

P.48で計測した仕事の標準時間を確認し、それよりも1割短縮した時間を目標に設定します。

目標というと、何がなんでも達成しなければならないものと考える方が多いのですが、ここでは、**達成できるかどうかよりも、「自分を成長させるしくみ」をもつことが大事。**

変にプレッシャーを感じることなく、ゲーム感覚で取り組みます。

74　Part 2　段取りのムダをゼロにする

Step ❸ かかった時間を記録する

　1割短縮の目標時間を意識しながら、仕事に取り組みます。かかった時間をタイマーで計測し、1週間を通して記録をつけます。自分の成長を「見える化」することで、達成感も味わえるでしょう。

　1週間後、1割短縮の目標時間を達成できたら、その目標時間を新しい標準時間に設定します。

　たとえば30分かかっていた仕事を25分でできるようになったら、次からは25分を標準時間として、日々の段取りに反映させていきます。こうして、仕事を通してレベルアップしていくしくみを整え、続けていくことが、やがて大きな差を生むのです。

◆ レベルアップに取り組む過程を見える化しよう

レベルアップしたい仕事：＿＿＿＿＿＿＿＿＿＿＿＿＿

目標時間（標準時間の1割減）：＿＿＿＿＿＿＿＿＿＿

日付（曜日）	かかった時間
／　（　　）	分
／　（　　）	分
／　（　　）	分
／　（　　）	分
／　（　　）	分

11 「集中力を邪魔するもの」をゼロにする

□ いったん集中力が途切れると、15分がムダになる

段取りを組んでペースよく仕事を進めていても、上司からの急ぎの仕事をこなしたり、同僚や後輩からの質問に答えたり、顧客からの急な電話依頼に対応しているうちに、やろうとしていたことができず、予定が狂ってしまうこともあるでしょう。

段取りに関する悩みの中で最も多いのが、こうした「割り込み」です。

「割り込み」があると、予定していた仕事が遅れるだけでなく、集中力も途切れてしまいます。「割り込み」を片づけて自分の仕事に戻ろうとしたものの、「あれ？　どこまで進んだっけ？」とわからなくなり、改めて仕切り直さなくてはなりません。こうした集中力の途切れが、うっかりミスにつながることもあります。

しかも、いったん集中力が途切れると、元のペースを取り戻すまでに時間がかかります。皆さんも実感されていると思いますが、1分や2分では無理です。ある脳科学の研究者の講演で聞いたことには、集中力を取り戻すには、平均して15分もかかるそうです。

この15分間は、仕事が滞っている状態で、なんの価値も生み出さないムダな時間です。「割り込み」による集中力の途切れが重なると、それだけムダが増えていくことになります。

□ 仕事の「見える化」で割り込みをコントロールする

「そうはいっても頼まれたらやらなきゃいけない」、「割り込みはど

うすることもできない」と感じていませんか？

　もちろん、「割り込み」自体はなくせないかもしれません。

　でも、**仕事の進め方次第で「割り込みに翻弄される状態」は減らしていくことができる**のです。

「割り込みは仕方がない」とあきらめるのではなく、周りに働きかけ、自分の意思で減らしていくことが大切です。

「割り込み」対応のポイント

Point1：自分の業務を「見える化」する
- 割り込みが多いのは、自分の仕事量を周囲が把握していないことが一因
- 「私だって忙しいのに……」と不満を募らせるだけでなく、「今はこれだけの仕事を抱えている」と発信し、共有することで、割り込みを減らしていけるよう周りに働きかける

Point2：「割り込みOKタイム」を設ける
- 割り込み仕事に対応する時間を、あらかじめ段取りに組み込んでおく
- 「割り込みOKタイム」にまとめて対処することで、段取りへの影響を最小限に食い止める

Take action! 今日からやってみよう

Step ❶ 「割り込みOKタイム」を設定する

1日の段取りの中に、「割り込み」に集中的に対応する時間をあらかじめ設けておきます。 余裕をもって2時間ほど確保しましょう。

1日の仕事のリズムを考えると、14時から16時の間を「割り込みOKタイム」とするのがお勧めです（P.66参照）。割り込みが発生しなければ、自分の仕事をする時間にあてます。

「割り込みOKタイム」を機能させるためには、周りの理解と協力が不可欠。「割り込みOKタイム」を周囲に伝え、割り込みは極力この時間帯にまとめてもらうよう、協力を求めましょう。周りの理解を得られるか不安に感じるかもしれませんが、**「背景」、「目的」、「効果」、「運用方法」** を筋道立てて丁寧に伝えれば、周りを動かすことができるはずです。

「背景」、「目的」、「効果」、「運用方法」の4点セットで伝えよう

背景
提案するに至った背景

割り込み仕事がひっきりなしに入り、段取りが狂い、集中が途切れ、仕事の効率が落ちてしまっています

目的
なぜこの提案をするのか

ミスなくスピーディに質の高い仕事を実現するために割り込みOKタイムを導入したいと考えています

効果
提案によって得られる効果

それによって、ミスのない確実な仕事ができ、残業時間の削減も期待できます

運用方法
どのように運用するか

割り込みOKタイムは、毎日14時〜16時に設定し、この時間に新たに発生した仕事に対処したいと考えていますが、いかがでしょうか

Step ❷ 「1割り込み、1付せん」で見える化する

　ここまで準備が揃ったら、「割り込みOKタイム」を運用します。

　ボードを用意し、「割り込み」がある度に、その内容と期限、おおよその時間を付せんに書いて貼っていきます。

　ひとつの割り込みにつき、1枚の付せんを使います。割り込みが入った順番に付せんを貼っていけば、今どのくらいの割り込み仕事が残っているのか、**120分の「割り込みOKタイム」に対して、あと何分残っているか**がひとめでわかります。

　「見える化」することで、割り込み仕事が多く重なった時は、**「すでにこれだけの仕事を頼まれています。急ぎでなければ、明日に対応してもよろしいでしょうか」**などと交渉しやすくなるでしょう。

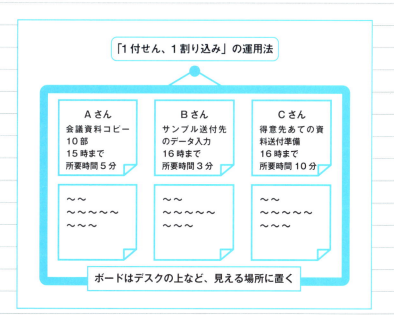

Step ❸ 「割り込みOKタイム」の効率を上げる

　120分間で割り込み仕事を効率よくこなしていくには、割り込み仕事にも優先順位をつけて取り組むことが重要です。

　ここでは **「緊急度」を基準に優先順位をつけていきます。**

　さまざまな割り込みのうち、急ぎのものから対応していきましょう。

　さらに、「割り込みOKタイム」を開始してから30分後（14時半）と1時間後（15時）に、優先順位を見直す時間をもちましょう。そこで、緊急度をあらためて確認し、一つひとつ取り組んでいきます。

　すると、さらに段取りのムダを省くことができるでしょう。

Column

▶▶▶メールに振り回されないための3つのルール

メールによる割り込みも、集中力を阻む大きな要因。メールが送られてくる度に対応していると、集中力が途切れ、仕事が思うようにはかどりません。**メールに対応する時間を決め、優先順位を決めて対処します。**

Step❶ メールチェックは1日3回

メールチェックは1日3回。**1回目は「始業直後」の1日の段取りを組み立てる時間、2回目は始業から2時間が経過した「午前11時」、3回目は割り込みタイムが始まる「午後2時」**に設定します。

Step❷ 優先順位を判断する

メールの内容を確認しながら、緊急の対応が必要かそうでないかを判断します。すぐに返信の必要なメールはその場で返信をする、クレームのメールなどは担当部署や担当者に連絡するなどといった対応をします。それ以外の緊急性の低いメールは、午後2時からの「割り込みOKタイム」でまとめて対応します。

Step❸ 24時間ルール

「メールはスピードが大事だから」と強迫観念にも似た思いで即返信を実践する人も多いようですが、緊急性の高いメールを除いて、**基本的に24時間以内に返信すれば問題ありません。**こうした割り切る勇気も、効率的に仕事を進めるためには不可欠です。

12 "ムラゼロ" でムダをなくす

□ ムラがあるところに、ムダが生まれる

ルーティンワークが多い人でも、1カ月単位で見てみると、仕事が忙しいタイミングと、それほど忙しくないタイミングがあるのではないでしょうか。特に、月のはじめや月末は、振込作業や経費精算で忙しいけれど、月の半ばは比較的時間に余裕がある、といった具合です。こうした仕事の波は、時期によって業務量に差があることで生まれます。

忙しい時期は気持ちに焦りが生まれ、慌ててミスが発生しやすくなったり、残業が増えてストレスを抱える一方、時間に余裕のある時期は、気持ちが緩んでダラダラしがちです。

こうした**業務量のムラも、仕事効率や生産性の低下につながるムダの一因です。**

仕事のムラは、チーム内にも生じます。仕事の速い人と遅い人、ミスの少ない人と多い人、仕事の丁寧な人とそうでない人など、能力や取り組み方の差がムラを生み出します。だれか一人の遅れやミスで、チーム全体の仕事が止まったり、やり直しを余儀なくされたりすることもあるため、**ムラはチーム全体の生産性にも悪影響を及ぼします。**

気分のムラを含めて、ムラは、何事においてもあまりよいものではありません。**ムラがあるということは、安定していないということであり、さまざまな問題が起きやすい状態**なのです。

□ 仕事量のバラつきをなくす

ムラをなくすことを、「**平準化する**」といいます。

この平準化は、ムダをなくして仕事の効率を上げる大切なポイントです。

まずは、自分が1カ月を通して一定のペースで仕事ができるよう、業務量をならしてみましょう。仕事が集中している時期があれば、一部を前倒しして、比較的余裕のある時期に行うようにします。

上司の判断を仰ぐ必要のある仕事など、自分のペースや裁量では進められない仕事も、「相手がある仕事だから、前倒しは無理」とあきらめるのではなく、できる限り業務量を平準化できるよう、周りにも働きかけていきましょう。

自分で行動しなければ、いつまでたっても「時間が足りない！」という状態から脱け出せないのですから。

また、チーム内でのムラをなくすには、勉強会を開いたり、スキルアップの支援をするなど、個々の能力やスキルの差を埋めていくような取り組みが必要でしょう。

次のページからは、特に個人の1カ月の業務量の平準化に焦点を当て、その具体的なアプローチを紹介します。

Take action! 今日からやってみよう

Step ❶ 1カ月間の仕事を「見える化」する

1カ月の「仕事見える化シート」を用意しましょう。

毎月のルーティンワークを書き出すとともに、それらに取り組む時期も記入します。

Step ❷ 前倒し貯金を増やそう

1カ月のスケジュールを眺めてみて、極端に忙しい時期があれば、自分の裁量で進められる業務を中心に前倒しできないか検討します。

前倒しできるものは、前倒しして処理することで、忙しい時期のために「貯金」をつくっておきましょう。

事前に備えておけば、たとえ繁忙期でも、仕事に追われるリスクを減らすことができます。

Step ❸ 「リマインド」、「プッシュ」をスケジュールに組み込む

上司の判断を仰いだり、周りの人の協力を得ながら進める仕事も中にはあるでしょう。

「上司の判断が遅いから、仕事が遅れてしまった」というのは、仕事が思うように進まない言い訳にはなりません。自分の思うようなタイミングで、早めにフィードバックをもらえるよう、こちらからも働きかけるようにします。

「いつまでに、何をしてほしいか」をどのタイミングで依頼し、どのタイミングでリマインドするのかを決め、あらかじめスケジュールに組み込んでおきます。 なお、お願いをする時は、相手の立場や気持ちを尊重しながら、自分の意見を伝えるアサーティブ・コミュニケーションが効果的です。

依頼やリマインドはアサーティブでスマートに！

依頼したい場合・・・

先日の打ち合わせをもとに作成したA社提案書です。2月15日14時までにご確認いただき、不備があればご指摘いただけますでしょうか。修正後、先方には2月18日までに提出いたします。

リマインドをする場合・・・

先日、2月15日14時までにチェックをお願いしたA社向け提案書ですが、不明点などございましたら、遠慮なくお申しつけくださいませ。修正し、先方には2月18日までに提出いたします。

Part 3
環境のムダを
ゼロにする

環境というと、なんだかぼんやりと広いものを想像するかもしれませんが、これから扱うのは、「仕事の環境」です。仕事の環境といえば、デスクやPC、キャビネットなど。こうしたものの状態によって、仕事の効率は大きく左右されます。

　特に考えたいのは、「ものを探す時間のムダ」。

　1日のうちでものを探す時間は10分だとしても、1週間で50分、4週間で200分。つまり、1カ月で3時間以上の時間を使うことになります。塵も積もれば山となり、大きな時間のムダにつながります。

　こうしたムダがなくなれば、残業も少なくなるでしょうし、重要な仕事や将来的にやりたいことに取り組めるようになるでしょう。

13 データを探す時間のムダをなくす

□ デスクトップの状態は、あなたの今の仕事の状態

　ペーパーレス化が進み、資料や書類は、データでやり取りをすることが一般的となってきました。それによって紙は減ったかもしれませんが、PCで管理するデータの数がどんどん増えています。

　メールに添付されたファイルは、とりあえずデスクトップにダウンロード。進行中の仕事のデータもデスクトップに保存。そうするうちに、デスクトップがファイルやフォルダであふれてしまった、という人も多いのではないでしょうか。

　デスクトップ一面にファイルやフォルダが散乱している状態では、必要なデータを探すのにも時間がかかります。検索機能を使わなければ探し当てられないほど散らかっているという話も、よく聞きます。

　デスクトップの状態は、あなたの今の仕事の状態と同じこと。仕事がうまく整理できていない証拠です。

　また、ファイル名が同じデータがあちこちに複数存在し、どれが最新のものかわからなくなってしまった。こんな経験はありませんか？

　本来の保存場所ではなく、デスクトップに仮置きして作業をしていたことが原因で起きる問題ですが、これは、重大なミスにつながりかねません。最新のデータがデスクトップにあることを忘れて、本来保存しているフォルダ内のデータを使用すれば、やり直しの手間が生じてしまうので気をつけたいところです。

☐ PC を戦略基地化する

PCは本来、必要なデータがすぐに取り出せ、仕事をスムーズに進めるための**「戦略基地」**です。PCの中のデータを整理し、必要なファイルをすぐに取り出せ、サクサクと仕事ができる状態を目指しましょう。それが、戦略基地化の第一歩です。

PC 戦略基地化のポイント

Point1：デスクトップに置くフォルダは、2つだけ

- すべてのファイルは、進捗状況に応じて「進行中」と「保存」の2つのフォルダで管理
- デスクトップでのファイルの仮置きはやめ、同一もしくは同一カテゴリーのファイルを一カ所でまとめて管理する「一元管理」を徹底する

Point2：適切な分類によるフォルダ管理

- 探しやすさを考慮したルールで、フォルダ内のファイルを分類
- 分類法はさまざまなので、自分の仕事内容に合った適切な分類法を見つけることが重要

Take action! 今日からやってみよう

Step ❶ 2つのフォルダですべてのデータを管理する

　まずは、「進行中」と「保存」の2つのフォルダを作成します。**「進行中」には作業中のファイルを入れ、「保存」には完成したファイルを入れます。** これでデスクトップには、ショートカットキーのほかには、「進行中」、「保存」、「ごみ箱」があるだけの状態になりました。

　フォルダから取り出して作業したファイルは、**作業終了後、デスクトップに仮置きせず、必ず元のフォルダに戻す**ようにします。

Step ❷ データ管理のマイルールを決める

「進行中」フォルダは、ファイルの数が少なければ、分類せずにそのまま並べて入れておきます。そのほうが一覧性に優れ、必要なファイルをすぐに取り出せます（なお、ファイル数が多く分類が必要な場合は、「保存」同様の方法で分類）。一方、「保存」フォルダで保存するファイルは、探しやすさが分類のポイントです。

　分類方法としては、**クライアント別、プロジェクト別、仕事の種類やテーマ別、年や月ごとに分ける時系列**などがあります。

　自分の仕事に適した分類方法を見つけるには、自分の仕事がどのようなサイクルや種類で構成されているのかを考えてみるとよいでしょう。

　なお、ひとつの分類だけでは管理しきれない場合は、フォルダ内で大分類と小分類を組み合わせて管理します。ファイルの探しやすさを考え、**階層は「保存」→「大分類」→「小分類」の3階層まで**に留めます。

データ管理のマイルール一覧

Case1：仕事のサイクルが決まっている

（例）イベント企画にたずさわるあなたは、毎年9月の
イベント開催に向けて、3月に概要決定、4月に告知
と出展社募集、5月に出展社との打ち合わせなど、毎
年やることがある程度決まっている

⇒ **時系列で管理**
（例）
2017年、2016年
・・・

Case2：割り込み仕事が多い

（例）管理業務を担当するあなたは、ルーティンワーク
に加えて、顧客や上司、同僚、他部門からの仕事が入っ
てくることが多い

⇒ **仕事の種類別に管理**
（例）
・顧客管理
・備品管理・・・

Case3：プロジェクトベースの仕事が多い

（例）システム開発にたずさわるあなたは、長時間、複
数の仕事を管理しながらプロジェクトを遂行すること
が多い

⇒ **プロジェクト別に管理**
（例）
プロジェクトA、
プロジェクトB・・・

Case4：クライアントごとに仕事内容が異なる

（例）営業アシスタントのあなたは、営業担当者から
「A社に送った見積もりはどうなってる？」、「B社に納
品した品目と数を教えて」などと聞かれることが多い

⇒ **クライアント別に管理**
（例）
A社、B社、C社・・・

Case5：業務フローが決まっている

（例）スポーツクラブで入会案内を担当するあなたは、
「コースの種類と特徴の説明」、「料金の案内」、「オプ
ション案内」、「契約」のように、案内の流れに沿って時
系列で担当することが多い

⇒ **業務フロー別に管理**
（例）
コース説明、料金の説
明、オプションの案内、
契約・・・

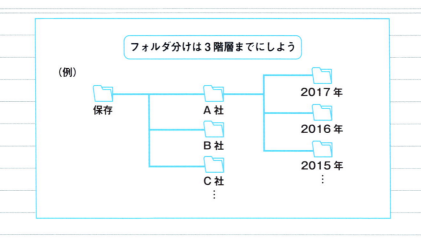

Step ❸ データの保存期間を決める

　紙の資料と違って、データは残しておいても保存スペースをとらないのが利点です。ただし、なんでもかんでも残してファイルの数が増えてしまっては、ファイルの検索性やPCの操作性に影響を与えます。そのため、不要なデータは溜めずに削除するか、クラウド

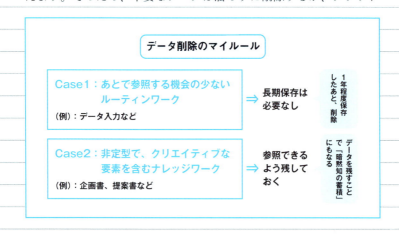

で管理するなどしましょう。

Step❹ 更新ファイルの名前のつけ方をルール化する

　ファイルを更新するにあたり、あとで変更箇所を確認できるよう、古いファイルも残しておきたい場合もあるでしょう。その際、新旧のファイルが混在しても、最新のファイルがひと目でわかるよう、**ファイル名のつけ方**を決めておきます。

　頭に日付をつけるという方法もありますが、間違えにくい方法として、頭に「改定1」、「改定2」と番号を振るのがお勧めです。

Column

▶▶▶**5秒以内に必要なデータにたどり着く！**
　ショートカット活用法

　すべてのファイルを「進行中」、「保存」の2つにまとめることで、デスクトップ画面はすっきり整理されますが、必要なデータを開くのに手間がかかるというデメリットもあります。このデメリットを解消してくれるのが、**ショートカットファイル**の活用です。

　デスクトップに余計なファイルを置かないのは基本ですが、**よく使うファイル・フォルダは、「よく使うもの」などのフォルダ名を付けて、その中に「ショートカット」をまとめて置く**といいでしょう。

　そうすることで、必要なファイル、フォルダへのアクセスがスムーズになります。

14 メールを探す時間のムダをなくす

☐ メールの渦に埋もれて、大事なメールが見当たらない!?

デスクトップの整理整頓に加え、大量に届くメールの管理も悩みの種です。いまやビジネスコミュニケーションの中心的な役割を果たしているメール。

便利な一方で、受信ボックスにはどんどんメールが溜まり、その対応にストレスを感じている人も少なくありません。

「あの案件に関するメール、どこだっけ？」と、大事なメールを探すのにもひと苦労。検索をかけても、リストアップされるメールの数が多ければ、すぐには見つけることができません。結局、一つひとつメールの中身を確認して探さなければならないとなれば、そのために仕事の手が止まる時間のロスと、それに伴うストレスは相当のものです。

メールの渦に埋もれて、大事なメールを見つけられない――。

コミュニケーションのスピードや効率を高めるはずのメールが、運用の不備から、かえって時間のムダを生んでいるのは本末転倒です。

メール対応は仕事を進めるうえで欠かせないものです。できるだけ時間のロスを防ぎ、仕事の効率を高めるために、日々大量に送られてくるメールをどのように管理すればいいのでしょうか。

☐ メールの「鮮度」を落とさないしくみ

メールの管理で大事なことは、**メールを受信ボックスに溜め込まずに、「流す」**ことです。

「流す」とは、メールを一定のルールに従って「分類」し、「一時保管」したのち「削除」する、という流れを運用することです。流すことで、メールが滞留したり、際限なく増えていったりすることを防ぎ、必要なメールを必要な時にすぐに探し出せる状態で管理することができます。

この「流すしくみ」は、P.103で取り上げる「書類の管理」においても大事な考え方です。

□ メールの「入り」を制する

メールの量が増えている原因の一つが、「CCメール」の乱用。

ある研修参加者は、1日に受け取る600通近いメールのうち、およそ8割がCCメールだと話していました。

CCの目的は、情報共有です。たとえば、仕事の進捗や完了を把握してほしい人（その仕事にかかわる人）や仕事の引き継ぎを受ける人（今後の担当者）などは、CCを使って情報を共有する必要があるでしょう。

しかし、だれでも彼でもCCメールの宛先に加え、必要のない相手にまでメールを送れば、メールの量をムダに増やすことになります。

不要なCCメールを極力減らし、受け取るメールの量を制御する。これもメール管理では重要なポイントです。

Take action! 今日からやってみよう

Step ❶ 「残すメール」、「残さないメール」を判断する

　受信メールには、一度確認すればいいメールと、関連する仕事が終了するまでは、記録として残しておきたいメールがあります。

　メールを受け取って内容を確認したら、**その場で、残すメールか、残さなくてもいいメールかを判断し、残さなくてもいいメールはすぐに削除**します。

Step ❷ 一時保存用「進行中」フォルダを活用する

　「進行中」フォルダを作成し、 Step ❶ で「残す」と判断したメールを一時保存します。「進行中」フォルダの運用ルールとして、分類方法と一時保存後の対応を決め、メールを流すしくみをつくりましょう。

　P.90の Step ❷ での分類方法を参考に、**自分の仕事内容に合った方法で分類し、フォルダ分け**します。

その後、関連する仕事が終了したら、「進行中」フォルダからフォルダごと削除するか、引き続き保存するかを判断します。

必要のないメールは削除しますが、メールのやり取りに残された顧客ニーズや仕事のプロセスなどが、後々の仕事の参考になりそうなものは残しておくとよいかもしれません。

残すものは、P.90でデスクトップに作成した「保存」フォルダに移して一元管理するとよいでしょう。

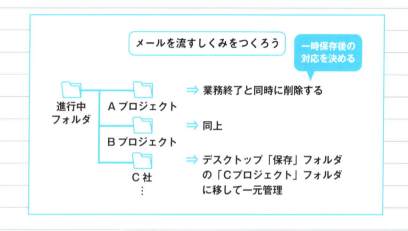

Step ❸ メールの「入り」を制限するしくみをつくる

メールの入りを制限する際、何より取り組みたいのは、CCメールの削減です。

CCメールに関するルールがなく、不要なCCメールが増えている場合は、CCメールの運用方法を見直すよう周囲に働きかけることが必要です。意思をもってコントロールします。

15 「デスクが片づかないストレス」を ゼロにする

☐「何から手をつければいいかわからない！」

デスクが散らかっていると、どうしても仕事の効率が落ちてしまいます。必要なものが書類の山に埋もれて、探す時間のムダが生まれるだけでなく、紛失やうっかり忘れにもつながりかねません。

メールと同じように、書類やものの管理においても、大事なことは滞留させずに「流す」こと。「流すしくみ」については、P.103以降で取り上げますが、そもそも書類やものを「流す」ためには、収納スペースに多少の余裕がある状態でなければなりません。**新たに発生した書類を保管したり、使ったものを元に戻したりする場所がなければ、しくみはつくれない**ということです。

デスクの引き出しも書類棚もすでに一杯で、収納スペースに入りきらない書類がデスクに山積み。このような場合は、書類やものが多すぎて、流したくても流れない状態なのです。

流れないから、さらにもので溢れかえるという悪循環——。

こうなると、「何から手をつけていいかわからない！」と途方に暮れてしまいます。散らかったデスクを見るたびに、片づけられない自分を突き付けられるような気がして、気分が滅入るという人も多いでしょう。

こういう状態の人は、まずはものを必要最小限に減らすことから始めましょう。引き出しや書類棚など収納スペースに収まる分量にまで減らしてはじめて、ものを流すことができるようになります。

98　Part 3　環境のムダをゼロにする

□ 思い切ってものを半分に減らそう

　デスクにものが溢れている人は、思い切ってものを「半分」くらいにまで減らしてみましょう。

　特に溜まりやすいのが、書類です。

　法令で一定期間の保存が義務付けられているものや、チームで共有して管理する書類は別として、個人が管理する分には不要な書類はどんどん捨てます。**「過去半年間見ていない書類は捨てる」**というように基準を決めて、思い切って捨てましょう。

　ものを「捨てる」ことに抵抗感がある方、「いつか必要になるかもしれない」と思うと捨てられないという方もいるかもしれません。

　しかし、書類や資料は単なる紙ではなく、「情報」です。情報は、時間が経過すれば鮮度が落ちていきます。インターネットで調べれば再入手できるような参考資料も、残しておく必要はないのです。

　デスクのものの処分には、捨てる勇気と覚悟、そして、ある程度のまとまった時間が必要です。

　目の前の仕事で忙しいとつい先送りしがちですが、デスクの整理整頓こそ、未来の自分を楽にするためにやるべきことです。P.68で捻出した「投資の時間」を使って、ぜひ取り組んでください。

　いったんものが必要最小限に減れば、整理整頓はぐっとやりやすくなります。

　整理整頓へのモチベーションも高まるはずです。

99

> **Take action! 今日からやってみよう**

Step❶ デスクまわりのものを、すべて取り出す

　投資の時間を使って、積もりに積もったムダをなくしていきましょう。

　不要なものを捨てるにあたり、まずは、デスクの上や、引き出しの中にある書類や備品類をすべて取り出し、「見える化」します。

Step❷ 書類を減らす
　　　──半年間見ていない書類は問答無用で捨てる

　ここからは思い切りが必要です。

　まず、個人で保管している書類は、「いつか見るかもしれない……」ではなく、**「半年間見ていなければ捨てる」**を基準に、「捨てる」か「残す」かを判断します。

　時間をかけず、**「10秒で判断する」**ことが迷いを絶つためのコツです。

　それでも判断に迷った場合は、幅10センチ位の書類立てをひとつ用意します。それを **「迷い箱」** と名づけ、**捨てるか残すか決められなかった書類を一時的に保管**します。

　「迷い箱」への保管期間は3カ月間。その間に**一度でも見た書類は捨てずに残し、一度も見なかった書類は今度こそ廃棄**します。

　以前に5Sコンサルティングを行った時には、「迷い箱」に入れた書類を3カ月以内に一度でも見たという人は、50人の参加者のうち1人だけでした。半年間一度も見ていない書類は、やはり捨てても困らない書類なのです。

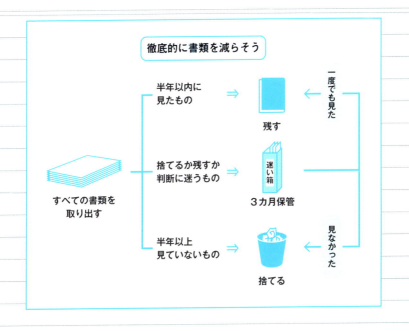

Step ❸ 備品は、必要最小限のものだけ残す

引き出しの中の備品をすべて取り出してみると、想像以上に不要なものを溜め込んでいたことがわかるかもしれません。インクの切れたペン、同色のボールペンが数本、ほとんど使わない大型ホチキス……。

これらのうち、**個人で所有しておくべき必要最小限の備品のみ、手元に残す**。これが備品管理のポイントです。

壊れて使えないものは捨て、重複するものは必要個数だけ残して備品棚に戻します。週に1回使うか使わないかというものも備品棚に戻し、チームの共有物で代用します。そうすることで、引き出しの中の備品もかなり減らすことができるはずです。

手元に残す備品は最小限に！

すべての備品を取り出す

- 壊れていて使えないもの ⇒ 捨てる

- 重複しているもの ⇒ 必要個数を残して備品棚に戻す

- 滅多に使わないもの（1週間に1回程度）⇒ 備品棚に戻してチームの共有物で代用

- 頻繁に使うもの（1週間に2回以上）⇒ 個人の所有として手元に残す

16 「書類を探す時間」をゼロにする

□ 書類の流れを止めない！

「要らないものを捨てる」という大改革を行ったおかげで、溢れていたものを、かなり減らすことができました。

しかし、片づけはこれで終わりではありません。

次は、書類に焦点を当てて取り組みます。

というのも、書類は日々発生します。「とりあえず」とデスクの上に無造作に置いていくと、すぐに積まれていってしまい、気づけば山のようになることもしばしば。油断すると「あの書類はどこだ？」と必要な書類を探すのに苦労する状態に逆戻りしてしまいます。

そこで大事なことは、**書類を溜め込まず「流すしくみ」をつくる**ことです。

このしくみは、メールを流すしくみと基本的には同じです。

発生した書類を「保管」→「保存」→「廃棄」という流れで管理していきます。

なお、「保管」とは、普段よく使う文書をデスクやキャビネットなどで管理すること。「保存」は、あまり使われなくなった文書や、法律で一定期間の保存が義務付けられている文書を、書庫などで保存することです。

このルールを運用していくことで、デスクの書類を増やしすぎず、適切に管理される状態を維持することができます。

□ 住所がないから片づかない

探す時間のムダが生じるもうひとつの理由は、**ものの置き場所が**

決まっていないため、どこに置いたのかわからなくなってしまうことです。

そうならないために、書類は一定のルールで分類したのち、所定の場所で管理する「定置管理」を徹底しましょう。

これは書類に限ったことではありません。**ものの住所を決め、作業後は置きっぱなしにせず、所定の場所に戻す**ことが大切です。

書類の置き場所を決める際には、取り出しやすさに配慮します。

たとえば、作業が進行中の書類や、これから処理しようとする書類は、ワンアクションですぐに取り出せる場所で管理します。

処理が終わった書類は、「残す」と判断した書類のみ、分類して管理します。この場合も、頻繁に参照する書類は、遠くのキャビネットにしまうよりも、取り出しやすいよう手の届く場所に置くようにします。

活用頻度に応じて配置を工夫することで、必要な書類を必要なタイミングでさっと取り出せる環境を整えることができます。

Take action! 今日からやってみよう

Step ❶ 進行状況にあわせて3つのボックスで管理する

書類を進行状況によって分類し、3つのボックスで管理します。

これから着手する書類や処理中の書類は**「未処理」**ボックス、上司やほかの担当者からの返事待ちの書類は**「進行中」**ボックス、処理が完了した書類は**「処理済」**ボックスに入れます。

これらのボックスは、書類をすぐに取り出しやすいようデスクの上に置きます。

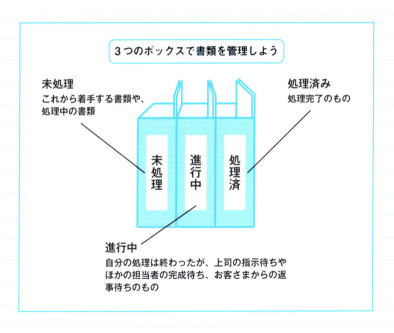

Step ❷ 「処理済書類」の運用ルールを決める

「処理済」の書類は、ボックス内に置きっぱなしにせず、次のアク

ションへと流すことが重要です。書類の流れを図にまとめます。

チームで保管する書類や、法律により一定期間保存しなければならない書類は、定められた運用ルールに従って管理します。個人の書類は、残すか捨てるかを判断し、残す書類については運用ルールを決めます。

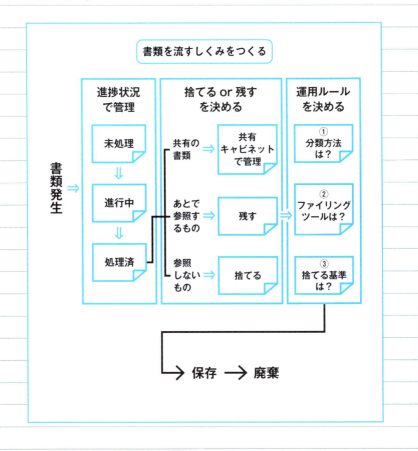

運用ルールのポイントは次の3つです。

❶分類方法を決める

あとで探しやすい分類方法を選びます。P.90の **Step ❷** で紹介した分類方法を参考に、自分の仕事内容に合った方法で管理します。

❷ファイリングツールを選ぶ

どのようなツールで保管するかを決めます。保管・保存用には、ある程度の長期使用を想定すると、厚手のバインダーが適しています。また、頻繁に参照する書類も、丈夫なハードカバータイプを選ぶほうが、書類の傷みが少なくてすみそうです。

どのツールを選ぶにしても、**手間のかからないものを選ぶのが、書類管理を継続させるためのコツ**です。

❸捨てる基準を決める

書類が増えすぎないよう、捨てる基準を決めておきます。

捨てる基準は、**「時間軸」**と**「スペース軸」**で考えます。

◆ 捨てる基準を決めておこう

時間軸	古くなった書類は捨てる 例：「半年間見ていない書類は捨てる」
スペース軸	書類を保管するためのスペースを決めておき、スペースに入り切らない書類は捨てる

17 「あれがない!」で手が止まる ムダをゼロにする

☐ ものが見つけられない、取り出しにくい、使いづらい

　書類の次は、デスクの上や引き出しの中のものを整理整頓していきますが、その前に、仕事がはかどらないデスクの問題点はどこにあるのか、まとめてみましょう。

◆ 仕事がはかどらないデスクの特徴

定置管理されていない	・あるはずの場所にものがなく、探すロス時間が生じる ・見つけられずに新たに入手すれば、ますますものが増え、デスクまわりが乱れていくという悪循環に陥ってしまう
取り出しにくい	・あるべき場所に置かれていない （例）毎日使うものが2段目引き出しの奥にしまわれている
使いづらい	・使い方を考えて置かれていない （例）右利きなのに電話機がデスク上の右側に置かれている（右手で取った受話器を左手に持ち替えて、改めて右手でペンを取るというムダな動きが生じてしまう）

　些細なことだと思うかもしれませんが、少しのムダでも積もり積もれば、作業スピードや作業効率に大きな差を生みます。

　何がどこにあるのかわかっていても、意図なく適当な場所に置かれていては、仕事がはかどるデスクとはいえません。

☐ 動線と頻度を考えたレイアウトをつくろう

　ものの置き場所を決める際には、自分の作業動線と、ものの使用頻度を考慮して決めていきます。

このポイントを参考にして、サクサクと仕事が進む戦略基地をつくっていきましょう。

デスクのレイアウトを考えるポイント

Point1：動線にムダのない机上レイアウト
・作業効率を考えて、デスクの上に必要なものをレイアウトする
・どんなものもワンアクションで取り出し、しまいやすい環境を整える
（例）いつも使うペンやメモなどの文房具は利き手の近くに置く

Point2：引き出しは、頻度を考えてレイアウト
・引き出しの中は、頻度に応じてよく使うものを手前に、あまり使わないものを奥に入れる
・しまいやすさ、使いやすさを考慮し、スペースに余裕をもたせて収納する

Take action! 今日からやってみよう

Step❶ デスクの上を戦略的にレイアウトする

まずは、デスクの上から始めましょう。

はじめに、デスクの真ん中に十分な作業スペースを確保します。

そのうえで、PC、電話、3つの書類管理ボックス、ペン、メモなど作業に必要なものを動線を考慮して置きます。右利きの人の場合は、左手で受話器を取り、右手でペンを持ってすぐにメモできるよう、電話は左側に、ペンやメモは右側にレイアウトします。

Step❷ 引き出しの中をレイアウトする

引き出しの中のレイアウトのポイントは、頻度順です。

一般的な三段タイプの引き出しの場合、**一段目には、よく使うけれどもデスクの上に置くほどではない文房具類**をしまいます。二段目には、一段目ほど頻繁には使わない文房具や資料を収納します。三段目は、ほかの二段よりも高さがあるため、書類の収納に適しています。

書類は重ねずに、ファイルボックスなどを活用して立てて入れます。使用頻度の高いものから順に、手前から奥へと並べていきます。

Step❸ 「定置」、「定方向」、「定量」管理をルール化する

使ったあとは決められた場所に戻す「定置管理」と、向きをそろえて片づける「定方向管理」をルール化します。

そうすることで、必要な時に必要なものをサッと取り出せ、持ち替えなどムダな動作なく使える環境を実現できます。

110　**Part 3**　環境のムダをゼロにする

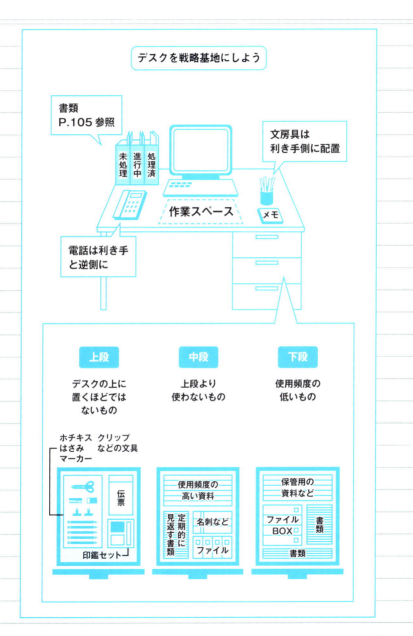

書類の場合、ホチキス留めの部分を上方向にそろえることで、書類がバラバラになったり、ホチキスに擦れて痛んだりするのを防ぐことができます。

　最強の戦略基地化まであともう一歩。引き出しの中に必要な備品がないという状況を防ぐため、決めた分量が常に引き出しに確保されているよう**「定量管理」**をルール化します。
　なお、ある職場では、次の写真のように、備品の型抜きをつくって定置、定方向、定量管理を実現しました。これならば、何が不足しているのか一目瞭然ですね。

◆ 改善前

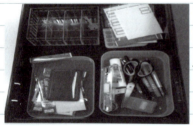

何がどこにあるのか
わからない

◆ 改善後

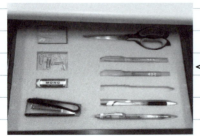

置き場が決まっている
のでなくなったらすぐに
補充できる

引き出しを使う際の5つの原則

原則1

置く場所を
決める

原則2

よく使うものを
手前に、そうで
ないものを奥に

原則3

できるだけ
仕切る

原則4

余裕をもって
収納・整理

原則5

定期的に
中を見直す

Part 4
コミュニケーションの
ムダをゼロにする

さて、次に取り上げるのは「コミュニケーション」です。ひとりで完結するという仕事はごくわずかで、多くの仕事において、上司やチームメンバー、取引先とのコミュニケーションは欠かせないものです。

　しかし、ここにもムダが潜んでいます。

　正しく意図が伝わらないといったコミュニケーションの不備は、伝える側と受ける側の両方に問題があります。伝える側は自分の伝えたいことだけ伝え、受ける側は自分が聞きたい情報だけを聞く。互いに自分の視点や立ち位置から情報を伝えたり、受け取ったりするため、「ふたつの異なった理解」が生まれます。これが誤解や勘違いの原因になっているのです。

　では、意図を正しく伝達するためには何に気をつけるとよいのでしょうか。ここでは、口頭で伝える場合のほか、メール、電話、メモを使った、効率的でムダなく、成果につながるコミュニケーションのコツを見ていきましょう。

18 勘違いによる 仕事のやり直しをなくす

□ 自分に都合よく解釈していませんか？

　指示されたとおりに資料を作成したつもりなのに、いざ提出すると、「こういうことを頼んだわけではない」とやり直しを命じられてしまった——。こんな経験はありませんか？

　問題の原因は、指示を出す側と受ける側とで意思が疎通できていなかったことにありますが、もう少し掘り下げて考えてみましょう。

　もちろん、上司の側が丁寧な説明をしていなかったというのも問題ですが、取りかかる前に仕事の中身を明らかに確認していなかった部下の側にも問題があります。

　資料を作成するのであれば、どういう目的で使う資料なのか、だれが確認するものなのかによって、内容は変わってきます。こうした部分を曖昧にし、勝手に解釈して進めてしまえば、上司の意図に沿った仕事をするのは難しいでしょう。

　こうした仕事の進め方では、やり直しで二度手間……というのも当然の結果といえます。やり直しは時間のムダであることは当然ですが、**もし相手がお客さまであれば、満足度が下がり、場合によっては取引自体が見直される可能性すらある**ことを心に留めておきましょう。

　人は、自分に都合よく情報を解釈したがる生き物です。このことをいつも意識しながら、上司や先輩の意図を正しく汲み取れるような指示の受け方をしていきたいものです。

□「傾聴力」で必要な情報を引き出そう

正しく指示を受けるために身につたい能力、それは「傾聴力」です。

「傾聴」とは、相手の話に注意を傾けるという意味です。そうすることで、相手のことをより深く理解できるようになります。

指示を受ける時は、「意図に沿った仕事をするために、必要な情報はすべて網羅されているだろうか」を意識しながら、**不足している情報や不明点、疑問点があれば質問して確認するなど、必要な情報を「引き出す」**くらいの積極的な行動が大切なのです。

□ すぐに使える！　傾聴のフレームワーク

そこで役に立つのが、傾聴のフレームワークです。

代表的なフレームワーク──「5W1H」（何を、なぜ、だれが、どこで、いつ、どうやって）や、「はきもの」（背景、期限、目的、能率）を意識しながら指示を受けることで、必要な情報を抜け・モレなく聞き出すことができます。詳しくは次のページで見ていきましょう。

そもそも指示を受ける時、受け身の態度でいるのが大間違い。自分の頭で考えながら指示を受けましょう。

こうした相手の意図を正しく理解するという"ひと手間"をかけることで、その後の手戻りややり直しのムダを省くことができるのはもちろんですし、上司からの評価もグングン上がっていくはずです。

> **Take action! 今日からやってみよう**

Step ❶ フレームワークに沿って指示を受ける

指示を受ける時は、必要な情報を網羅するためのフレームワークを活用します。

上司から「ちょっとこれお願いしたいんだけど……」といわれたら、即座に思い出してほしいのが「はきもの」のフレームワークです。

「は：その仕事が発生した背景は？」、「き：期限は？」、「も：その仕事の目的は？」、「の：作業の能率を上げるためにどう進めればいいか？」。この４つを確認しながら指示を受けます。

Step ❷ 足りない情報にはクローズド質問

フレームワークに沿って指示を受けるといっても、いつでも上司がすべての情報を話してくれるとは限りません。足りない情報があれば、こちらから質問して引き出します。

質問には、ふたつの方法があります。「○○についてはどうですか？」のように相手の意見を引き出す **「オープン質問」** と、「○○ということでしょうか？」のように相手が「YES／NO」で答えられるように聞く **「クローズド質問」**。このふたつをうまく使い分けて、必要な情報を聞き出します。

仕事の「背景」、「期限」、「目的」など、相手がもっている情報を聞き出す時はオープン質問で問題ないでしょうが、自分でも考えれば答えを導けそうな事柄に関しては、クローズド質問でたずねるのがスマートです。

118　Part 4　コミュニケーションのムダをゼロにする

過去半年間のクレーム集計について、仕事の能率を上げるための進め方を聞き出したいとします。

　仕事の目的と背景はすでに確認済みで、「昨年に比べてクレームが2倍に増えている。今月の営業会議で、件数の多いものから上位3つのクレームを撲滅するための施策を検討したい。そのための資料作成だ」と説明されました。

　仕事の進め方は、目的と背景から推測して、自分なりに考えたうえで、クローズド質問で確認します。**自分なりの見解を示したうえで質問すれば、上司も気持ちよく「イエス」「ノー」で答えることができる**でしょう。

　この時、「どのように作業すればいいですか？」と答えを相手に委ねてしまっては、上司は内心「それくらい自分で考えろよ」と思うはず。あなたへの印象や評価を悪くしかねませんので要注意。

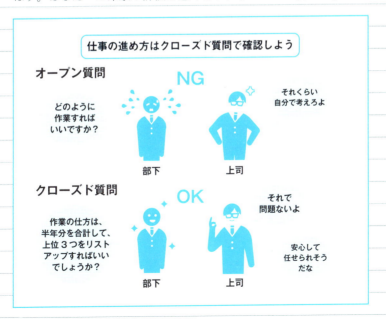

Step ❸ ワンフレーズで復唱する

　指示を受けたら、自分が正しく意図を解釈できているかどうか確認するために復唱します。

　復唱のポイントは、結論をワンフレーズで伝えること。

　先ほどの例でいえば、「営業資料として過去半年間の上位３つのクレームを明日午前中までに集計する、ということでよろしいですね？」のように「目的」、「期限」、「能率」を端的にまとめます。

　実際に、こうして指示の内容を復唱している人はそう多くないかもしれません。ですが、自分勝手な解釈を避けて、ムダな時間を使わないためには、習慣にしたいことです。実践してみてください。

指示を受ける時は、「はきもの」を明らかにしよう

は （背景）
その仕事が発生した背景は？
（例）私たちの部門では、昨年に比べてクレームが 2 倍に増えている

き （期限）
期限はいつまで？
（例）明日午前中までに

も （目的）
目的は？　なんのために？
（例）今月の営業会議で、クレームの上位 3 つを撲滅するための施策を考えたい。そのための資料をつくってほしい

の （能率）
仕事の能率を上げるには？
（例）半年間のクレームを合計し、上位 3 つをリストアップする

19 正しく伝わらないストレスをゼロにする

□ 伝えたつもりなのに、伝わらない理由

こんな場面を考えてみてください。

HPのリニューアルにあたり、制作会社の選定を上司から指示されたZさん。A社、B社、C社にデザイン案を出してもらったところ、A社のクオリティや担当者の対応がよく、Zさんは「A社が最適だ」と考えていました。ところが、3社を比較検討した結果の報告を受けた上司は、Zさんの意に反してB社を採用。対応のスピードが遅く、評価が低かった会社が選ばれてしまったのです。

「伝えたつもり」でも、相手には「伝わっていない」、と感じる場面は数多くありますが、上のケースも、Zさんが上司に自分の意図を正しく伝えられなかったことが問題の背景にあります。

では、なぜ、このように意図が正しく伝わらないのでしょうか。

その一因は話し手の伝え方にあります。

特に論理的に話すのが苦手な人は、頭に思い浮かんだことをそのまま話そうとする傾向があります。相手が知りたい情報は何か、また、どんな情報をどんな順番で伝えるとわかりやすいのか。これらを整理せずに、**自分が伝えたいことを一方的に話してしまえば、情報が不足したり、ポイントがずれてしまう**ことが多いのです。

これでは、いくら一生懸命に話しても、聞き手に自分の意図を伝えることはできないでしょう。

121

□ この情報を伝える目的は何か？

　伝えたいことを相手に正しく伝えるためには、**話し始める前に、「相手の視点」で情報を整理する**ことが大切です。

　そこで意識したいのは、**「相手はどのような目的でこの情報を欲しているのか」**ということです。

　情報を伝える際は、必ず目的があります。主なものを次の表にまとめます。

　こうした伝達の目的に応じて情報を組み立てる際にも、フレームワークが役に立ちます。フレームワークを意識しながら話すことで、相手が知りたい情報を知りたい順番で伝えることができます。

◆ 情報を伝える主な目的

目　的	相手が求めている情報
上司が意思決定を行うための情報を報告する	適切な判断や質の高い意思決定を行うため、あらゆる角度からの客観的な情報を欲している
上司がさらに上の上司に報告するための情報を伝える	上司のさらに上司が判断する時に大事にしているこだわりどころや、ここは外せないという肝を理解したうえで伝える
相手のイエスを引き出す	相手が納得する理由や根拠を伝える

Take action! 今日からやってみよう

Step ❶ 情報を伝える目的を考える

話し始める前に、相手はどのような目的でこの情報を欲しているのか、あるいは自分はどのような目的でこの情報を伝えようとしているのかを明確にします。

情報を伝える目的をはっきりさせる

なんのために伝えようとしていますか?
A. 情報をもとに相手が状況を判断し、意思決定するため
B. 相手がさらに上の上司に報告するため
C. 自分が相手から「イエス」を引き出すため

Step ❷ フレームワークに沿ってわかりやすく伝える

伝える目的が明らかになったら、目的に合ったフレームワークを選びます。情報を組み立てるフレームワークにはいくつか種類がありますが、ここでは代表的なものを紹介します。

なお、伝える際には、必ず相手の目を見て伝えます。相手の目をしっかりと見ることで、「伝えたい」という気持ちを表現します。

また、聞き取りにくい発音は、勘違いのもと。口をしっかり開けて、滑舌よく話すのも、正しく伝えるためのコツです。

伝える目的に合ったフレームワークを選ぼう

フレームワーク1：PREP法

Point（結論）
Reason（理由）
Example（具体例）
Point（要約）

①最初に、自分の言いたい結論を述べる
②次に、その理由を述べる
③具体例、実例、事例を挙げ、相手を納得へと導く
④最後に、もう一度自分の言いたいポイントを繰り返し相手の反応を促す（提案）

HPリニューアルの制作会社選定の件ですが、A社のデザインがいいのではと考えます。と申しますのも、ターゲットの特徴を捉えたつくりになっているからです。実はA社とB社で最後まで悩みましたが、価格とデザインのクオリティのバランスを考えて、A社が最適との判断に至りました。

フレームワーク2：ホールパート法

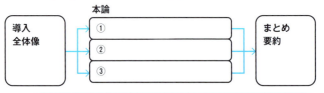

今回提案を受けた3社の中では、A社にHPリニューアルをお願いしたいと考えています。その理由は3つあります。1つめは、検索のわかりやすさです。まずこの検索機能を使うと、お客様の欲しい情報が一発検索できる工夫がなされています。2つめはデザインです～（中略）。3つめは～（中略）。よって、A社にお願いする、ということで検討いただいてはいかがでしょうか。

フレームワーク3：事実所感法

HPリニューアルに際して、3社の提案内容とここに至るまでの対応を検証しました。A社は提案書を提出するスピードは一番早く、費用についても他社より50万円安価な設定でした。コンセプトについては、ここに各社の資料があるように、A社は「誠実に寄り添い価値提供」、B社は「洗練された会社」、C社については「価格が手ごろ」というメッセージでした。
ここからは私の所感ですが、A社は営業・ディレクター・デザイナーの連携がうまく取れており、私どもと連携し、一丸となって速やかに対応いただけるのではないかと思います。

Step ❸ 意図が正しく伝わったかを確認する

　相手に伝えて終わり、では不十分です。

　人は自分勝手に解釈してしまう生き物ですので、伝えたあとに、意図が正しく伝わったかどうかを確認します。ただし、確認の仕方には気をつけてください。

「今の説明でわかりましたか？」、「理解できましたか？」などの言い方は避けましょう。こうした相手の能力を疑うような問いかけは、相手を不快にさせてしまうので要注意。

スマートに確認するには、「私の説明は十分でしたでしょうか？」などと、「私」を主語にするのがポイントです。

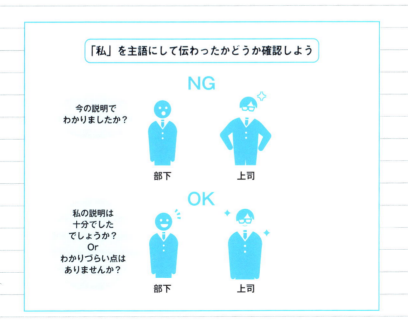

20 報連相のムダをゼロにする

□ 私たちの仕事は圧倒的に「報告」が足りていない！

「部下からの報告が圧倒的に少ない」

これは、管理職の皆さんからよく聞く言葉です。

指示した仕事に対する中間報告がない。報告がないから、仕事がどこまで進んでいるかわからない。「あの仕事、どうなってる？」と声をかけてはじめて、「じつは……」と返事が戻ってくる――。

自分が「このタイミングで報告すればいいや」と思うよりも早く、しかも頻繁に、上司は部下からの報告を求めているということを、まず理解したほうがいいでしょう。

たとえば、上司から社内のデータ管理システムの整備を任されていたAさんのケース。順調に進まず、上司への報告が遅れ、気づいた時には予定に到底間に合わない状態。もし、遅れが生じた時点で上司に報告していれば、早めの対策をとり、ムダな作業は避けられたかもしれません。

これは、報告の遅れが仕事の遅れを招いた例ですが、ほかにも、品質低下、ひいては顧客離れや機会損失につながることもあります。

上司が部下に早めの報告を望むのは、部下に必要なサポートを与え、仕事の進捗状態を管理するためです。

また、報告の不備が、評価に影響を与えることもあります。評価は客観的に行われるべきですが、「あいつは報告をしてこない」という上司の苛立ちが、評価に影響しないとも限りません。

報告は評価の生命線になり得るのです。

□ 上司が欲しい情報を、欲しいタイミングで

上司が欲しい報告とは、上司が欲しい情報を滞らせることなく、必要なタイミングで行う報告です。

もちろん、報告不足を指摘される部下の側にも、言い分があるでしょう。ある時は「報告がない」と叱られたので頻繁に報告すると、「そんな細かなことまで報告しなくていい」と煙たがられる。上司の思いつきで進捗状況をたずねられることも多く、「何をどのタイミングで報告すればいいのかわからない」と悩んでいる人も多いかもしれません。

上司は、あらゆる仕事において報告が欲しいわけではありません。

顧客開拓につながる仕事や、新たに挑戦する仕事、長期にわたる仕事など、未来へのインパクトが大きな仕事について報告を求めている上司もいれば、複数人が介在して行っている仕事の場合、その都度報告を求める上司もいます。

報告は最低限、「お：終わらない時」、「し：終了した時」、「と：トラブルがあった時」、「や：やりづらい時」、「か：変えざるを得ない時」の5つのタイミングで行いましょう。「お・し・と・や・か」と覚えておくと便利です。

また、中間報告も重要です。たとえば、ひとつのフェーズにかけられる時間が2週間あるなら、半分の1週間が過ぎた時点で、「いま何割方できています。この調子なら来週前半に終わりそうです」と中間報告を行えば、上司は安心して仕事を任せられるというわけです。

Take action! 今日からやってみよう

Step ① 上司が望んでいる「情報」、「タイミング」を知る

　上司から仕事を指示されたら、どのタイミングで何を報告するかを上司に確認しておきます。

　たとえば、マニュアルづくりを任された場合を考えてみましょう。

🙂「どの段階で報告すればよろしいでしょうか」

🧑「全体の業務フローを見える化した段階で一度見せてください」

🙂「承知しました。そのあとはどうしましょうか」

🧑「業務フローをもとにざっくりと手順書に落とした段階で見せてください。さらに完成したタイミングで、皆さんに連絡する前に最終確認の報告をしてください。この3段階でお願いします」

🙂「承知しました」

　口頭で確認したあとで、メールで内容を共有しておくとさらに効果的。勘違いを防ぐことができます。

　なお、上司のタイプによって、報告する情報は異なります。

　「プロセス重視タイプ」は、結論だけでなく、結論に至った経緯や背景を知りたいと思うでしょう。逆に**「結論重視タイプ」は、経緯や背景よりも、まず結論を知りたいと**思うはず。上司のタイプを見極めておけば、より適切な報告を行うことができます。

128　Part 4　コミュニケーションのムダをゼロにする

Step ❷ 報告に「見出し」をつける

報告を始める前に、なんの報告かがわかるように「見出し」をつけます。たとえば、次のようなひと言を添えることで、上司は報告を聞く準備ができ、スムーズに報告ができます。

> 😐「来月の新商品発表会の会場手配と出席者人数について報告します」

Step ❸ 「報告＋相談」のセットで判断を仰ぐ

仕事を進めていくうえで、自分では判断がつかないことも出てきます。そこで自分で抱え込めば仕事がストップしてしまうので、進捗を報告がてら、相談してアドバイスを求めるようにすると効果的です。新製品発表会の会場手配を指示された場合を例に考えてみましょう。

いつも使うホテルに聞いたところ、希望する部屋はすでに予約済みでしたが、ホテル側から「別の部屋を仮予約したうえで、キャンセル待ちをしてはどうか」と提案されました。

そこで上司に、「希望する部屋はすでに予約されていました」と報告。そのうえで、「ホテルの提案どおり、仮予約とキャンセル待ちを進めてよろしいでしょうか」と相談し、判断を仰ぎます。

> 😐「いつも使用する場所はすでに予約が入っています」【報告】
> 「別の部屋を仮予約し、キャンセル待ちをしてよろしいでしょうか」【相談】

21 「メモ」で忙しい相手への伝達モレを防ぐ

☐ 口頭やメールだけでは伝わらない

伝えたつもりだけど、伝わっていない——。

その原因は話し方だけが問題ではないことがあります。たとえば、口頭で直接伝えても相手が忘れてしまったり、メールを送っても、大量のメールに紛れて見落とされてしまうことが頻繁に起こります。特に**相手が忙しければ忙しいほど、口頭やメールでのコミュニケーション**だけでは、**伝達事項が抜け落ちてしまう**のです。

そこで改めてその価値が注目されているのが、「**メモ**」です。

たとえば、契約書に記入・押印のうえ、返送してもらう場合、「一枚目と二枚目に押印してください」と送付状に書かれていても、契約者が注意深く目を通すとは限りません。押印箇所を見落として、押印モレが発生すれば、書類を再度郵送しなければいけなくなってしまいます。ですが、「ここに押印してください」と付せんに書いて契約書の押印箇所に貼ることで、押印モレを防ぐことができるでしょう。

また、上司に書類を確認してほしい場合にも「メモ」を活用できます。デスクの上に確認してほしい書類を置いておいても、なかなか目を通してもらえません。そこで、確認が必要なポイントを付せんに箇条書きにして、「○○までに確認しておいてください」と書いておきましょう。

きっと、メモの効果で確認する側の負担が軽くなり、隙間時間にサッと目を通してくれる確率が高まります。なかなか確認してもらえないというムダな時間をなくすことができるのです。

130　Part 4　コミュニケーションのムダをゼロにする

□ 相手を動かす3つのメモ術

　相手を動かすメモには、次の3つの種類があります。

　必要なタイミングで使い分けることで、忙しい相手にも伝達事項を確実に伝えることができます。それだけでなく、**要点を端的にまとめたメモには、忙しい相手を動かす力もあるのです**。

人を動かす3つのメモ術

指示メモ

・相手に確認などのアクションを起こしてもらうために、書類に添える
・お願いしたいことを簡潔にまとめて伝える
　（例）不在の上司へのメモ

思いやりメモ

・契約書などの書類のうち、相手が確認すべき箇所に付せんを貼り、コメントをつけておく
・カタログ送付の際に、顧客の要望に合う商品を探して、そのページに付せんを貼り、お勧めコメントを記入するなどの応用もできる

伝言メモ

・相手の不在時にかかってきた電話の内容や伝達事項を、メモに書いて伝える

Take action! 今日からやってみよう

Step ❶ 伝えるべき「2割」を抽出する

　メモを残す時のポイントは、とにかく短く、コンパクトに。ダラダラと書き連ねても、忙しい相手には読んでもらえません。**「伝えたいこと」や「してほしいこと」が端的に記されているほど、メモの効力が発揮されます。**

　「本当に大事なことは全体の2割」といわれるように、**メモに書く内容も「本当に大事な2割」**を意識します。たとえば、上司に企画書を確認してほしい時の「指示メモ」では、「いつまでに」という期日と、企画書がどんな構成になっていて、どの部分を重点的に確認してほしいのか、という部分が「伝えるべき2割」ということになります。

Step ❷ ポイントを箇条書きにする

　伝えるべき2割を抽出したら、文章を読まなくてもパッと見て内容を把握できるよう、ポイントを箇条書きにします。

伝えたいことを箇条書きでまとめよう

田中部長
・3月5日までにご確認ください。
・構成は以下のとおりです。
　1枚目／企画趣旨
　2枚目／企画に至った背景
　3枚目／予算 ⇐この部分を特にご確認ください。
　　　　　　　　　　　3/3 吉田

・伝えたいことは
　最低限に絞る
・箇条書きに
　まとめる

132　Part 4　コミュニケーションのムダをゼロにする

Step ❸ 「メモ＋口頭」で確実に伝えよう

メモは、書いて置いただけで伝えたつもりにならず、「**本人に伝わ
るまでが自分の責任**」と理解しましょう。

「**先ほどメモを置きました**」、「**メモにも書きましたが……**」と本人
に直接伝える**ようにします。

特に電話の伝言メモは、メモ自体がほかの書類に紛れたり、紛失
したりして、本人に気づかれず、伝言が伝わらないこともありま
す。メモに書いた伝達事項を確実に伝えるためには、本人に一声か
けるワンアクションが不可欠です。

Column
▶▶▶ 「メモ」には7センチ角サイズの付せんがお勧め

はがれにくく、ポイントを箇条書きするのに十分なスペースがあ
る7センチ角サイズの付せんがメモにはお勧めです。色は鮮やかな
ブルーやピンクなどを選べば、書類が多いデスクの上でもよく目立
ちます。

参考にしてみてください。

22 電話対応での抜け・モレをゼロにする

☐ 聞き忘れるのは当たり前

電話対応でよくある問題は、「聞き忘れ」や「言い忘れ」によって生じる、二度手間や作業遅れなどのムダです。

たとえば、新しいお客さまから発注の電話を受けたものの、肝心の商品の送付先を聞き忘れてしまった場合、再度確認する手間がかかり、作業に遅れが生じます。

また、既存顧客であっても、「いつもの営業所に届けておいて」と頼まれて、「いつもの営業所」がどこかを確認しなかったばかりに、間違った解釈で作業を進め、ミスや二度手間、やり直しにつながるケースもあります。

相手の名前や連絡先を聞き忘れたという失敗談も、時々耳にします。それによって顧客の問い合わせそのものに答えられなければ、大きなチャンスを逃すどころか、会社の信用にも関わることでしょう。

このように、電話で必要事項を確認し忘れたために生じる問題は、"うっかり"では済まされない問題に発展することもあるのです。

大切な仕事の電話だとはわかっているけれど、ほかの仕事をしている時にいきなりかかってくるのが電話。心の準備がないまま電話に出たり、時には想定外の質問を受けて、気持ちが焦ってしまうこともあるでしょう。

だからこそ、**「聞き忘れる」のは当たり前だと思って、事前に対策をとっておくのが現実的**です。

□ 電話の "must" を「見える化」する

そこでお勧めしたいのが、電話の"must"（聞かなければいけない、言わなければいけない）事項を事前に明らかにしておくことです。つまり、**聞くべき情報をあらかじめ整理して書き出しておくか、もしくは確認事項のフォーム（ひな形）を「見える化」**しておきます。

たとえば、新規顧客からの発注の電話では、「相手の名前」、「連絡先」、「品番」、「個数」、「送付先」、「納期」を確認する、問い合わせの電話に対しては「価格」、「納期」を必ず伝える、と決めておくのです。

確認事項のひな形を用意しておけば、電話口で相手が取り留めもなく話し始めても、「聞かなければいけないポイントは何か」を意識しながら、落ち着いて対応することができます。

また、中には、顧客や取引先の名前を把握していないため、「相手の名前が聞き取れない」という悩みを抱えている方もいるのではないでしょうか。特に、入社したての社員の方ほど、こうした苦手意識があるとよく聞きます。

こうした問題は、**顧客や取引先の名前を一覧にし、見える位置に貼っておくことで解決できます。**リストの名前を確認しながら電話を受ければ、「相手の名前が聞き取れなかった」という失態を避けることができるでしょう。

> **Take action! 今日からやってみよう**

Step① 電話対応における確認事項を見える化

　電話応対で確認すべき事柄をあらかじめ書き出し、ひな形化しておきます。電話の種類が発注依頼なのか、商品に関する問い合わせなのかなど、場面ごとに用意しておくのもお勧めです。

　ひな形はデスクのよく見える位置に貼っておきましょう。

ひな形をつかって抜け、モレをなくそう

電話対応で確認すべきこと

☐ だれから？　　　　　　　　　　☐ 相手の連絡先

☐ だれに対して？（だれに対応してほしいのか）　☐ 電話対応の日時

☐ 依頼内容

＊デスクの見える位置に貼っておこう！

Step② ひな形を見ながらモレなくメモを取る

　ひな形を見ながら電話対応し、抜けている情報があれば相手に確認します。ひな形があることで、大事なポイントを意識しながら相手の話を聞くことができます。確認した情報は紙にメモします。

Step③ 復唱でミスをなくす

　電話の最後に、内容を復唱して確認します。

> ☐ **だれから？**
> 鈴木商事　山田様
> ☐ **だれに対して？**（だれに対応してほしいのか）
> 田中さんへ
> ☐ **依頼内容**
> アポ変更依頼　3／10⇒3／15
>
> ☐ **相手の連絡先**
> 03－××××－××××
> ☐ **電話対応の日時**
> 3／1　11:00 受

相手が思いつくままに話した内容を、メモを頼りに端的な文章に組み立てて復唱するのがコツです。ここでもひな形を意識することで、ポイントを外さずに伝えることができます。

たとえば、不在社員へのアポイント日時変更の連絡であれば、「鈴木商事の山田様でいらっしゃいますね。田中が戻りましたら、3月10日のアポイントを3月15日に変更なさりたい旨、申し伝えます。ご連絡先は……でよろしいでしょうか」と復唱します。

また、相手が用いた曖昧な表現や聞き間違えやすい言葉を、具体的な表現や固有名詞に置き換えることで、意図と解釈の違いを防ぎます。これもとても大切なポイントです。

言い換えフレーズを使って意図を確認しよう

「いつもの場所」⇒「A ホテルの本館ですね」
「午後いち」⇒「13 時でよろしいでしょうか」
「17（じゅうしち）日」⇒「じゅうななにち、ですね」
「11（じゅういち）日」⇒「10 日の翌日の 11 日ですね」
「夜 8 時」⇒「20 時ですね」

Step ④ 聞き取れない場合の「質問フレーズ」を用意しておく

　相手の言ったことが聞き取れない場合、曖昧なままにしておくと
あとで問題が生じます。かといって、「えっ?」、「何ですか?」と聞
き返すのは失礼な対応。そこで、失礼なく聞き返すためのフレーズ
を用意しておきましょう。

　不快にさせないポイントは、聞き取れないことを相手のせいにす
るのではなく、「自分や通話状態に非がある」ように伝えることで
す。ぜひ活用してください。

失礼にならない聞き返しフレーズ例

😊　「恐れ入りますが、もう一度お名前をうかがえますでしょうか」

😊　「大変申し訳ございません。お電話が遠いようですので、
　　もう一度おっしゃっていただけますでしょうか」

138　Part 4　コミュニケーションのムダをゼロにする

23 意図が伝わりにくいメールを ゼロにする

□ 大事なメールがスルーされていないか？

　手軽さとスピード、記録に残しておける点など、コミュニケーション手段として、とても便利なメール。ただし、書き方を間違えると、見落とされたり、返信が必要と認識されずにスルーされてしまったりすることがあります。

　スルーされるメールには、「受け手に何をしてほしいのかがわかりにくい」という問題点があります。

　たとえば、タイトルからは何が書かれているのか判断しにくいメールやダラダラと文章が書き連ねられていて内容が理解しづらいメール。こうした「意図が伝わりにくいメール」は、スルーされ、後回しにされてしまっても仕方ないといえます。

　こうして大事なメールの返信が遅れれば、仕事が滞り、ムダが生じてしまいます。

　手軽で便利だからこそ、受け取る側の視点を意識したメールを心がけたいもの。

　メールを見落とした相手を責めるのではなく、お互いに忙しいからこそ、相手に負担をかけることなく、パッと見ただけでメールの内容が把握でき、返信や対応などのアクションを起こしやすい書き方の工夫が必要です。

　それが、仕事のスピードアップや効率化につながるのです。

□ メールはタイトルがポイント

　メールの見落としや放置をなくすために特に重要なこと、それは

タイトルのつけ方です。

中には1日に何百通ものメールを受け取る人もいますが、そうした人は、**送り主とタイトルを見て、返信するかどうかの判断や、メール処理の優先順位づけを行っています。**

このメールは「**報告メール**」か「**連絡メール**」か、あるいは「**要返信メール**」なのか。「要返信」なら緊急に対応するでしょうし、「連絡」はすぐに確認、「報告」は時間のある時に目を通しておけばいい、と判断するでしょう。

ところが実際にやり取りされているメールを見ていると、無頓着なタイトルがあります。「おはようございます」、「お疲れさまです」、「田中です」といったタイトルや、やり取りするうちにメールの内容が変化しているにもかかわらず、最初につけたタイトルのまま続いているケース。これでは、タイトルからメールの内容や意図が把握しにくいうえ、あとでそのメールを探そうとしても、タイトルからは見つけることが難しく、自分にとっても相手にとっても不便です。

また、本文の書き方も注意が必要です。タイトルに「要返信」と書かれていても、何について返信すればいいのかわかりにくいメールは、返信するのを面倒に思うはず。意図を理解するのに、余計な手間をかけさせることにもなります。

「伝わるメール」は、相手に素早くアクションを起こしてもらうことで時間のムダを省くだけでなく、相手の貴重な時間を奪わないための配慮にもなるのです。

Take action! 今日からやってみよう

Step ❶ 「何をすればいいかがわかるタイトル」をつける

大切なことなのでくり返しますが、メールで何よりも重要なのはタイトルです。

メールを受け取った人が、次にどのようなアクションをすればよいかがわかるタイトルをつけます。

返信を希望するなら **「返信のお願い」**、内容を確認してほしいなら **「内容ご確認のお願い」**、相談したいことがあるなら **「ご相談」** など、次のアクションを促す文言を入れます。

締めきりがある場合は、**「返信のお願い　3/10まで」** などのように期日をタイトルに明記します。

Step ❷ 定型文を用意しておく

よく似た文面で何度もメールを書く場合、定型文を用意しておけば、メール作成の時間を短縮できます。

たとえば、お客さまからの問い合わせに答えるメールでは、質問への回答部分は違うにしても、「このたびはお問い合わせありがとうございます……」といった書き出しや、「今後とも弊社の商品をご愛顧くださいますよう……」といった締めの部分など、定型化できる文章があるはずです。

定型文を用意することで、何度も同じ文章をつくる手間を減らすことができます。

こうしたムダを省いて、本来やるべき仕事に優先的に時間を使うようにしましょう。

Step ❸ 情報は箇条書きで、見出しをつける

メールの本文は、ポイントを箇条書きにすること。また、**情報の種類ごとにチェックボックスと見出しをつける**ことで読みやすくします。一文一文を丁寧に追わなくても、全体をパッと見ただけで、「これは日時と場所の連絡だな」、「ここが大事なポイントだな」と理解できるメールは、見落とされたり、スルーされてしまったりする確率がぐっと減ります。

絶対にやってはいけないのは、重要な情報を文章の中に紛れさせてしまうことです。「ところで……」のような接続詞に続けて重要な情報を書くと、見落としの原因になるので要注意。

Step ❹ 「情」の言葉をプラスする

ビジネスメールは簡潔でわかりやすいことが原則ですが、一方で、理路整然と無機質なメールは、相手によっては「冷たい」という印象を与えかねません。**そこで本文の冒頭または最後の2〜3行を使って、送り手の人となりを感じさせるようなコメントを添えて、温かさをプラスします。**

たとえば、はじめての問い合わせメールには「弊社の商品にご興味をおもちいただき、とてもうれしく思います」のように気持ちを表現するひと言を添えます。付き合いの長い取引先が相手であれば、「素敵な休日をお過ごしください」、「週末は桜が見頃のようです」など、ちょっとしたプライベートの話題を添えてみます。このように**「理」と「情」のバランスをとる**ことで、親しみの感じられるメールになります。

142　Part 4　コミュニケーションのムダをゼロにする

「情」と「理」のバランスのとれたメールを送ろう

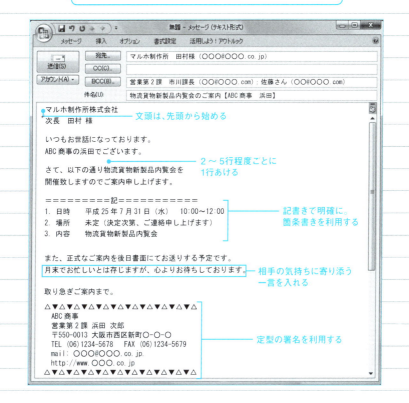

24 「気が利かない！」のイライラを ゼロにする

□「1」に対して「1」では意味がない

「打ち上げのお店、あそこを予約しておいて」と上司から頼まれました。お店に連絡するとその日は一杯だったので、「一杯で予約できませんでした」とだけ返事をしたとしたら、上司はどう思うでしょうか。「え？　私がまた最初から探すの？　時間がないからあなたに頼んでいるのに、気が利かないなぁ」と思われても仕方がないことでしょう。

「これを買ってきて」と頼まれて「売り切れでした」、「あの手配はどうなってる？」と聞かれて「できませんでした」——**言われた「1」のことに対して、「1」の答えしか返さない人は、「気が利かない人」とレッテルを貼られても仕方がありません。**

　限られたメンバーで高い成果が求められる現代、**「気が利かない」ということは、気を利かせていれば避けられたであろう手間やムダを生むことであり、チーム全体の生産性を落とします。**
　また、「気づいているなら言ってくれれば、やり直さなくてすんだのに」とか、「その情報を伝えてくれていたら、お客さまにもっといい提案ができたのに」と相手をイライラさせ、感情的なしこりを残します。
　感情的なしこりは、チームの連携を悪くします。これが、気が利かないコミュニケーションの最もやっかいな問題点です。

144　Part 4　コミュニケーションのムダをゼロにする

□ 思いやりのバトンを渡す

　気が利くコミュニケーションとは、相手の次のアクションや展開を想像し、相手が望むことを汲み取りながら対応することです。

　ひと言でいえば、「相手を思いやる」こと。

　相手を思いやりながら、お互いをサポートするような提案を会話に盛り込むことで、連携がよりスムーズに進み、仕事の効率アップや質の向上につながります。

　ただし、相手を思いやるには、心に余裕がなければなりません。

　目の前の仕事に追われる状況では、相手の次の展開にまで考えが及ばず、「できますか？」に対して「できません」と気の利かない答えを返すのが精一杯になっても不思議ではありません。

　また、仕事の効率やスピードが重視される職場では、余計な雑談はせず、会話は必要最小限に抑えようとする風潮もあるようです。

　コミュニケーションにスピードや効率ばかりを求めると、人間関係が殺伐としたものになってしまいます。

　コミュニケーションの本来の役割は、人と人との関係を円滑にすること。そう考えれば、**スピードよりも質を重視し、「思いやりのバトン」を渡し合う**ことが大切です。

　そうすることで互いの連携が強化され、チームメンバーとの信頼感が強まり、結果として仕事がスムーズに進むようになるのです。

Take action! 今日からやってみよう

Step① 即答せず、自分に問いかける5秒間をつくる

　相手が言ったことに対して、反射的に「イエス」、「ノー」で返してしまうと、気が利かない対応になりがちです。

　まずはこれを防ぐことから始めましょう。

　そこで試してほしいのは、何かたずねられた時に、即答しないということです。**相手の言葉をよく聞き、ひと呼吸置き、自分がしようとしているアクションを自分自身に問いかけてみて、自分が相手ならどう感じるだろうかと想像してみます。**

　たとえば、「あのお店、予約できた？」という問いかけに対して、「できませんでした」と返ってきたら、自分ならどう思うだろうか。この **「5秒間」** をつくることで、自分の状況を客観視する心の余裕を取り戻します。

Step② 次の展開を想像し、「＋α」を提案する

　心の余裕を取り戻したら、**次の展開を想像し、相手が望んでいることは何か**を考えてみます。お店の予約の例でいえば、予定していたお店を予約できなければ、別のお店を探さなくてはならないことは容易に想像がつきます。「上司は担当するプロジェクトで忙しいから、私がよく似たタイプのお店を探して提案するのがよさそうだな」。相手の望みを汲み取った形で「＋α」の提案を添えれば、気の利いたコミュニケーションになります。

　次の展開を想像するには、ゴールからさかのぼって考えるのがいいでしょう。**相手が手に入れたいゴールは何か。最終的にどうなることが相手の納得や満足につながるのか。そこに向かって自分はどんなサポートができるのか。**このように考えていけば相手が望む次

146　Part 4　コミュニケーションのムダをゼロにする

の展開はおのずと見えてくるはずです。

Step ❸ 相手の望みを聞き出す

相手が望む展開を想像するには、相手の話によく耳を傾ける「傾聴力」が必要です。互いの関係性がまだ浅く、相手の望みを想像しにくい場合には、相手に直接質問して聞き出すのもひとつの手段。

たとえば、顧客から「提案書にまとめてくれませんか」と依頼されたとします。そこで「わかりました」と提案書に取りかかる前に、**「差し支えなければ、提案書を作成する目的を教えていただけますか」**と聞いてみます。「社内の稟議を通す」ことが目的だとしたら、稟議を通しやすい形にまとめることで、相手の仕事がスムーズに進むようサポートできます。

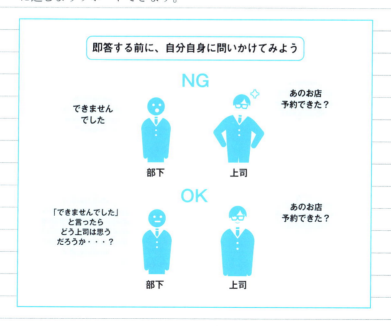

Part 5
チームのムダを
ゼロにする

これまでは個人レベルでムダな時間の削減に取り組んできましたが、最後に取り上げるのはチームに生じるムダです。たとえ自分では効率よく質の高い仕事をしていたとしても、仕事の受け渡しや、引き継ぎがスムーズに行われなければ、ムダが生まれてしまいます。

また、いつまでも後輩が育たず仕事が任せられないままでは、チーム全体で成果をあげていくことはできません。後輩をどう育てていくかもチームにとっては大きな問題です。

チームの問題は、自分ではどうすることもできないと思うかもしれませんが、そんなことはありません。チームも個人の集まりですから、一人ひとりが周りに働きかけていくことで、チームを変えていくことができるのです。

すでに自分の時間の使い方を変えることができたあなたは、チームにもよい影響を与えることができる存在です。チームみんなが効率よく仕事に取り組める、気持ちのよい職場をつくっていきましょう。

25 チームの連携不足をゼロにする

□ なぜ仕事が「タコツボ化」してしまうのか?

「タコツボ化」——これは、一人ひとりの仕事が専門化・細分化され、まるでタコツボに閉じこもって仕事をするような業務環境を指す言葉です。また、仮面をかぶっているかのようにお互いが無関心で、それぞれがパソコンに向かって黙々と仕事をする殺伐とした職場を指して「仮面職場」といわれることもあります。

こうした言葉が意味するように、コミュニケーションやチームワーク不足は、職場で大きな問題となっています。

ほとんどのやり取りがメールで行われるようになった今、電話での会話から情報が漏れ聞こえてくることもなくなりました。また、効率化が徹底され、隣の人との雑談もはばかられる状況です。その結果、**隣の人がどんな仕事をしているのかもわからないくらい、職場のブラックボックス化が進んでいる**のです。

職場のブラックボックス化は、さまざまな問題を生んでいます。その典型的なものがチーム内の連携ミスでしょう。

たとえば、次工程の担当者に仕事を受け渡す時、「私の仕事はここまでだから、あとは知りません」とでもいうように、相手への配慮や説明もなく丸投げをする。担当者しか仕事の内容を把握していないため、その人がいないと仕事が進まず、顧客の問い合わせにも迅速に対応できない——こうした連携不足が、大きなミスやムダの温床となっているのです。

150　Part 5　チームのムダをゼロにする

☐ 業務フローを見える化する

　チームの連携をよくするには、自分の担当業務だけでなく、周りの仕事との関係性や、チーム全体の仕事の流れを把握しておくことが大切です。つまり、「**職場のブラックボックスをなくす**」ということです。

　そこで取り組みたいのが、業務フローの見える化です。自分の担当する業務も含めた前後の工程を時系列で書き出し、全体の流れを把握します。

　見える化のための具体的な方法は次ページで説明しますが、見える化によって明らかにすべきポイントは3つあります。

・**自分は全体の中でどんな役割を果たしているのか**
・**自分の前後工程にはどんな仕事があり、だれが担当しているのか**
・**前後の連携をスムーズにするため自分が前工程の担当者に期待することは何か、後工程の担当者から自分が期待されていることは何か**

　たとえば、あなたが加工したデータをもとに、別の担当者が営業資料をまとめている場合、業務フローを見える化することで、「次工程の人はまだ仕事に慣れていないようだから、間違えやすい点はメモで知らせておこう」とか、「次工程は時間がかかるから、早めにデータを渡そう」といった気づきを得られるかもしれませんね。

　こうして仕事のツボを押さえて業務の最適化を図ることで、スムーズな連携ができるようになります。

Take action! 今日からやってみよう

Step ① チームメンバーとの雑談を増やす

職場のブラックボックスをなくすために、普段からチームメンバーに関心を向けて、「だれがなんの仕事をしているのかを知る」ことから始めましょう。

といっても、あまり堅苦しく考える必要はありません。チームメンバーと雑談しながら「今はどんな仕事をやっているの?」と質問し、情報を共有することから始めてみてはいかがでしょうか。

雑談では聞き出しにくいのであれば、朝礼で担当業務の進捗を報告する時間を設けるなど、情報共有のためのしくみを提案することも一案です。

Step ② 付せんを使って、それぞれの仕事の関係性を理解する

次のステップとして、メンバーが一堂に会し、それぞれの仕事の関係性を理解する機会を設けます。

正方形の付せんを用意し、まず、メンバーがそれぞれ異なる色の付せんに、自分の担当業務を「1タスク1付せん」で書き出します。そして、全員のタスクを時系列に並べて、チーム全体の業務フローとして見える化します。

たとえば、私の会社を例にすると、仕事を支えてくれるメンバーには、コーディネーター、講師と校正担当者がいます。セミナーの依頼を受けてから、セミナーを実施するまでをひとつの仕事と考えた場合に、コーディネーター、講師、校正担当者それぞれのタスクを1枚の付せんにつきひとつずつ書き出します。

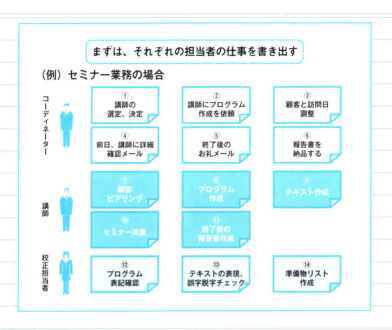

　付せんに書かれた3人のタスクを、時系列に並べると、次のページのようになります。

　こうして業務フローが見える化できたら、チーム全体の効率や生産性を高めるために、連携部分で改善できることはないか考えてみます。

・「この作業はダブっているから、ここで集約させるのはどう？」
・「この段階で次の人に状況を知らせておいたほうが、その後がスムーズに進みそうだね」

　お互いの業務の関連性を理解しながら業務の最適化を図ることも、業務フローを見える化する大事な目的のひとつです。

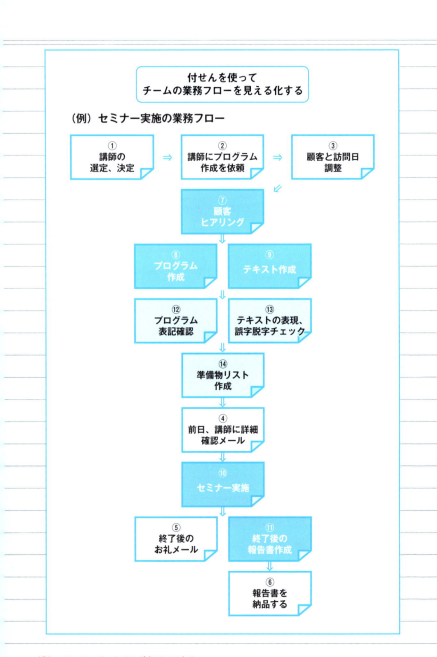

Step❸ チーム全体の関連図を1枚にまとめる

付せんで見える化した業務フローを、フローチャート化して1枚にまとめます。

これは、引き継ぎの時や業務効率化を考える時に活用します。

Column

▶▶▶チームのスケジュールを見える化しよう

チームで仕事をする際に困ることのひとつがスケジュール調整。そこで、ここではチームのスケジュールを管理するポイントを紹介します。

Step❶ 上司に事前にアポイントを入れておく

チーム内のスケジュール管理で特に困るのが、上司待ちの時間。それを避けるために行いたいのが、**上司へのアポイントメント**です。相談や確認が発生する可能性があるとわかったら、その時点で上司にアポを入れておきましょう。

Step❷ スケジュール管理法の改善

ほとんどの職場でスケジュールを共有するしくみはあるはずですが、うまく活用されていないことも多いでしょう。まずは、スケジュール共有を徹底してほしいと相談すること。それでもうまくいかない場合は、より簡単で使いやすい方法に変えるのも一案です。たとえば、単純なことですが、外出や離席の際にひと声かけるだけでもスケジュールの見える化に役立ちます。

26 引き継ぎのムダをゼロにする

☐ ムダの元凶は不親切な引き継ぎにある

　異動や退職、担当替えなどによって引き継ぎが生じることは、珍しいことではありません。ですが、しっかりとした引き継ぎができているケースはとても少ないというのが、さまざまな職場を見てきて感じることです。

　たいていの場合、通常業務をこなしながら短期間で引き継がなければならないため、後任者はなかなか必要な情報を引き継ぐことができません。そのため、部署を離れた前任者にたびたび問い合わせなければならないという手間が生じるのも、しばしばあるでしょう。「別の部門が担当していた仕事の一部を自分たちのチームが引き継ぐことになったが、箇条書きで書かれた紙1枚が送られてきただけで、どんな目的で、何をどう進めていけばいいのかまったくわからない」──こんな声を聞いたこともあります。

　どうして"不親切な"引き継ぎが多いのでしょうか。

　もちろん、引き継ぎに十分な時間を取れない物理的な制約もありますが、**引き継ぐ側と引き継ぎを受ける側の間にある、「意識のギャップ」も大きな問題**です。

　引き継ぐ側は、「これくらいはわかっているだろう」と思い込んで、自分の視座（目の高さ）で伝えようとします。そのため、「この仕事が発生するに至った背景」や「どうしてこの仕事をやるのかという目的」などについての説明を省略しがちです。

　ですが、引き継ぎを受ける側は、まったくの素人。いきなり具体的な手順だけ教えられても、「この仕事はなんの役に立っているのだろう」、「なぜそれをする必要があるのだろう」と腑に落ちないままになってしまうのです。

□「鳥の目」と「虫の目」で伝える

引き継ぎのムダをなくすためには、手順だけではなく、仕事の目的や背景、全体の中での位置づけまで伝えることが大切です。

どんな仕事にも目的があります。目的を理解することで、目的にかなったアウトプットを生み出すことができ、また、そのための正しい段取りを組むことができるのです。

つまり、引き継ぎに必要なのは「鳥の目」と「虫の目」の視点。

鳥のように高い所から物事の全体像を俯瞰する視点（仕事の目的や背景、全体像を把握すること）と、低い場所から物事の詳細をより深く観察する視点（具体的な手順を理解すること）のふたつが、スムーズな引き継ぎには欠かせないのです。

□ 目標は「いつでも」、「1週間で」引き継けること

また、短期間で仕事の勘所を相手に伝えるために、仕事内容をまとめた引き継ぎ書を用意しておきたいものです。異動が決まってから引き継ぎ書をつくるのでは遅すぎます。いつ引き継ぎが生じてもいいよう、普段から備えておくのが理想的です。

目標としたいのは、**「1週間でひと通り引き継げる状況」にしておくこと**です。会社や業種、ポジションなどによって引き継ぎに割ける時間は異なりますが、1日1時間として5日間で5時間を確保し、引き継ぎ書をもとに対面で引き継げるのがひとつの理想です。

157

Take action! 今日からやってみよう

Step① 引き継ぐべき「基本の仕事」を見極める

どのような仕事でも、「押さえておくべき基本」と、「経験によって積み重ねた知恵」があります。

引き継ぎをする時は、まず「基本的な部分はどこか」を見極め、それについて教えます。基本的な部分とは、通常行われる手順のことで、いわば最低限必要な仕事を網羅したひな形のようなものです。

一方、お客さまの要望や事情に合わせて臨機応変に対応するなど、通常とは違う手順で進める場合もあるでしょう。もちろんこうした「経験によって積み重ねた知恵」まで引き継げれば最高なのですが、いつもそれが可能なわけではありません。短い時間で無理やり教え込もうとすれば、混乱を与えかねないので要注意。

なお、**「経験によって積み重ねた知恵」は、新たな担当者があとで参照できるように、シーンごとの事例集やQ&A集などに別途まとめておくとベター**です。

引き継ぐ内容に優先順位をつける

①引き継ぐ仕事を分解する

②適した引き継ぎ方を考える

| 押さえておくべき基本 | ⇒ | 引き継ぎ書にまとめて、引き継ぎ時間の中で教える |

| 経験によって積み重ねた知恵 | ⇒ | あとで参照できるような資料（事例集、Q&A集など）にまとめる |

158　Part 5　チームのムダをゼロにする

Step ❷ 「鳥の目」と「虫の目」で引き継ぎ書をつくる

　全体を俯瞰した「鳥の目」と、細部を掘り下げる「虫の目」の両方を盛り込み、次の2部構成で引き継ぎ書をつくります。業務やタスクの数によって枚数は変わりますが、**「全体を1週間で引き継げるボリューム」** を考えると、5枚程度が最適でしょう。

❶1枚目で、業務全体を見える化

　引き継ぐ仕事の全体像が把握できるよう、仕事内容を1枚にまとめます。

　たとえば、営業1課で「受発注業務」を担当している場合、受発注業務の構成要素（「見積もり」、「発注」、「納品」、「月次売上レポート」など）をツリーで表現します。

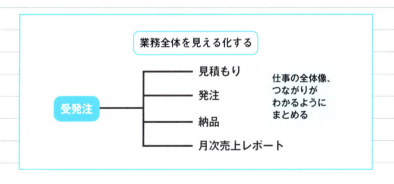

❷2枚目以降は、「1タスク1枚」で見える化

　業務の構成要素ごとに、タスクの目的と手順を1枚にまとめます。「受発注業務」の例でいうと、「見積もり」、「発注」、「納品」、「月次売上レポート」のそれぞれについて、1枚で見える化します。

1枚1タスクで見える化しよう

業務 No.	1005	月次売上レポートの作成

業務目的	使用する備品・データ
月次処理時に、販売データベースから売上報告書を作成する	販売データファイル.xlsx

ポイント	作業サイクル	作業適任者	所要時間
ファイル名「売上報告書（20XX年5月）」で保存する yyyy年mm月で表記する（数値とかっこは半角）	月末	営業 アシスタント	20分

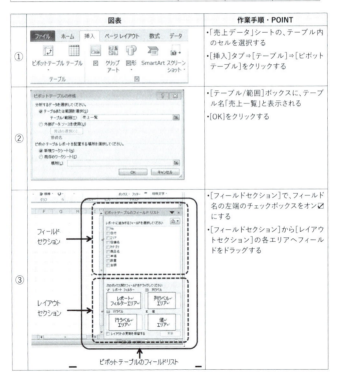

	図表	作業手順・POINT
①		・「売上データ」シートの、テーブル内のセルを選択する ・[挿入]タブ⇒[テーブル]⇒[ピボットテーブル]をクリックする
②		・[テーブル/範囲]ボックスに、テーブル名「売上一覧」と表示される ・[OK]をクリックする
③		・[フィールドセクション]で、フィールド名の左端のチェックボックスをオン☑にする ・[フィールドセクション]から[レイアウトセクション]の各エリアへフィールドをドラッグする

	登録日	作成者	更新日	更新者	承認者	ページ
月次売上レポートの作成	20XX/03/08	宮井	20XX/06/16	井上	奥野	1/1

160　Part 5　チームのムダをゼロにする

Step ❸ 対面で「やってみせる」、「やらせてみせる」

　1日1時間、5日で5時間を目安に時間を確保します。

　そして、引き継ぎはできるかぎり対面で行いましょう。仕事の目的と手順を口頭で説明しながら「やってみせた」あと、相手に「やらせてみて」、正しく理解されているかどうかを確認します。

「ここまでやる必要はないのでは？」と思うかもしれませんが、ここでしっかりと対面で引き継いでおくことが、その後のやり取りのムダを省きます。後任者がスムーズに仕事を進めるためには不可欠な時間なのです。

27 情報の滞りをゼロにする

☐ 情報は組織の"血液"

　製造ラインで働く男性が、床に落ちた部品を見つけました。「これは何だろう？　まぁ、あとで報告すればいいや」とポケットに入れてその場を離れました。その後、しばらくして持ち場に戻ると、現場は大騒ぎ。というのも、「機械の部品がなくなっている。落ちて食品に混入してしまったのではないか」と機械を止めて全員で部品を探していたのです。

「それなら僕が持ってますよ」と男性がいうと、「なんでもっと早く報告しないんだ！」と上司に大目玉を食らった。

　──これは、ある食品会社での出来事です。

　組織にとっての情報は、人間の体でいうと血液のようなもの。

　血流が滞れば、体調が悪くなり、病気になるように、**職場でも必要な情報が行き届かなければ、チーム内の連携が悪くなり、勝手な解釈からミスやムダが生まれ、仕事の精度が落ちてしまいます。**

　情報の滞りが、チームの生産性を下げる一因なのです。

☐ 流すべき情報は「変更」、「方針」、「悪いニュース」

　必要な情報をリアルタイムで流す職場コミュニケーションは、チームの連携をよくし、生産性を高めるための生命線です。

　特に共有すべき情報は、大きく分けて次のページの表の3つ。

　これらの情報を共有できるようにするには、「しくみ」と「雰囲気」の両方が必要です。

　気軽に相談、雑談ができる職場であれば、タコツボ化が起きにく

く、ミスも少なく、仕事の質も高いというのが私の印象です。

たとえば、「ナマコミタイム」(顔を見てコミュニケーションをとるための時間) を取り入れて7年目のある製薬会社は、チームの連携が格段によくなり、「皆で一緒にいい商品をつくり上げよう」という一体感や連帯感が強まっているそうです。

雑談がどれだけの成果につながるのか、定量的に証明することは難しいかもしれませんが、職場の一体感や連帯感がもたらす"見えざる効果"は非常に大きいと感じています。

◆ 職場内で共有したい3つの情報

変更事項	・顧客や取引先の変更、相手の担当者の変更、作業手順の変更など、社内やチームに関わる変更事項 ・メール通達だけでは見落しもあり得るので、チーム内で改めて確認し合う
方針や目標に関わる情報	・会社やグループの方針・目標に対する取り組み状況などの情報 ・たとえば「顧客クレームゼロ」を方針に掲げている場合、日々のクレームの報告や、クレームゼロに向けた取り組みの進捗を重点的に共有する
悪いニュース	ミスやクレームを共有するのはもちろん、ミスや事故に至らないまでも、「ヒヤリ」としたり、「ハッ」としたりしたことも共有し、ミス防止に役立てる

Take action! 今日からやってみよう

Step ❶ まずは自分から挨拶する

　日常的に気軽にコミュニケーションがとれる環境をつくることが目標です。

　最近は、メンバーそれぞれが自分のスケジュールで仕事をしていることもあり、互いに挨拶を交わさず、朝も出社するなり黙々と仕事を始めるような職場も増えているようです。挨拶のない職場は、互いへの関心も薄れがち。そこで、まずは自分から周りに挨拶して、**「私はあなたに対して心を開いていますよ」というシグナル**を送りましょう。

　最初は周りから挨拶が返ってこないかもしれませんが、自分に対して心を開いている相手に対して、いつまでも心を閉ざしていることは難しいもの。**働きかけていけば、いずれ相手も応えてくれるようになるはずです。**

Step ❷ 「雑談タイム」をつくる

　互いに挨拶を交わすようになれば、会話のきっかけもつかみやすくなります。毎日、周りの人にひと言ずつ話しかけてみてはどうでしょう。「最近はどう？」といった何気ない会話から、「ところであのプロジェクトはうまくいってる？」のような仕事の話も気軽にしてみます。

　仕事中は雑談しにくい雰囲気の職場なら、仕事の合間に**「雑談タイム」**を設けるよう提案し、雑談を習慣化するのもひとつの方法です。

　そうやって**職場での会話の量を増やしていきます。**

164　Part 5　チームのムダをゼロにする

Step❸ 話しかけられやすい状態をつくる

　自分から周りへ働きかけることはもちろんですが、周りからも挨拶されたり、話しかけられやすい雰囲気づくりを意識します。

　たとえば、「ちょっといいですか？」と声をかけられた時に、パソコンから目も離さず「あ、はい、何？」と片手間で答えていると、相手は話しかけるのをためらってしまいます。

　忙しくてもちょっと手を止めて、相手に向き合うだけでも、随分と話しかけやすい雰囲気になります。

　意識すれば直せることばかりです。今すぐ実践してみてください。

話しかけられやすい人になろう

Point1：口角を上げる
忙しくなると無意識のうちに仏頂面になり、口元が「への字」に曲がりがち。相手に怖い印象を与えてしまうため、忙しい時こそ口角をキュッと上げるよう意識する

Point2：真っすぐ相手を見よう
体も目線もまっすぐ相手に向ける
NG：椅子にもたれた状態であごが突き出されている（相手を見下したような印象を与える）

Step ④ 「報連相タイム」をしくみ化する

「情報共有をしましょう」、「情報の滞りをなくしましょう」という
かけ声や意識づけだけでは、なかなかアクションにつながりにくい
ものです。

そこでぜひ取り入れてほしいのが、**「報連相タイム」**をしくみ化す
るなど、意図的に報連相するための時間を取ることです。最初のう
ちは、話すことはあまりないかもしれませんが、それでも顔を突き
合わせて何かしら話す場をもつことが大切なのです。

実際に朝礼で報連相タイムを設けている職場や、朝礼・昼礼・夕
礼の1日3回に分けて情報共有している職場もあります。ぜひ提案
してみてください。

28 会議のムダをゼロにする

☐ 会議の三大ムダ——資料が多い、何も決まらない、何も発言しない

「資料が多すぎる」、「何も決まらない」、「何も発言しない」。

これは、会議における3つの大きなムダです。

特に「何も発言しない」は、日本人の会議の悪癖としてよく指摘されることです。

「いればいいだろう」という意識で会議に参加するのは、自分の時間がムダになるだけでなく、会社にとっても人件費のムダです。

一人あたりの人件費を月給35万円と仮定すると、福利厚生を入れると月給約40万円、月20日、8時間勤務の計算で2500円／時間。会議に20人集まれば、5万円／時間。ここで「何も発言しない＝なんの価値も生み出さない」のであれば、5万円は、**会社にとって"死に金"となる**わけです。やる気がないとみなされても仕方ありません。

会議で発言しないことは、本人の評価にも影響します。

意見や質問を求められて、「特にありません」と答えるのか、意見を述べて会議に貢献するのか。当事者意識をもって会議に臨んでいるかどうかも、上司は仕事の一部として評価しています。

そうであれば、会議に臨む姿勢も見直さなければなりません。

☐ 会議がつまらない本当の理由

時間に見合った成果をあげるためには、会議の目的と目標が明確でなければなりません。

目的がはっきりせず、習慣だからと続いている会議は、なくしてしまうのも選択肢のひとつ。会議をなくすかどうかを決めるまでの権限をもっていない人でも、会議の目的と目標を明確にするよう主催者に提言したり、目的と目標を意識して会議に参加してみてはいかがでしょうか。

　たとえば、会議の目的が「最近頻発している○○についてのクレームをなくすための問題解決」であれば、その目標は「解決策と、だれがいつまでに何をするかの実施スケジュールを明らかにする」と設定できます。参加者全員が、この目的と目標をもとに、事前に準備したうえで会議に参加できれば、活発な議論が生まれ、会議を実りあるものにできます。

「つまらない会議が多い」と思っているのだとしたら、つまらなくしているのは、もしかすると自分自身かもしれません。

　次ページからは、会議のムダをなくすために、参加者の立場でできることを紹介していきます。ぜひ実践してみてください。

168　　Part 5　チームのムダをゼロにする

Take action! 今日からやってみよう

Step❶ 資料は1枚にまとめる

　会議で使う資料は1枚、多くて2枚までにまとめるのが基本です。

　項目は、「**会議の目的**」、「**会議の目標**」、「**進行スケジュール**」、「**参加者に事前に考えてほしいこと**」。

　ほかに必要な情報があれば、それらも箇条書きにして1枚に見える化します。詳細な資料が必要な場合は、参加者に事前にデータで送っておきます。

会議の資料は1枚にまとめる

日時・場所	5月20日14:00〜　第1会議室
会議の目的	クレーム上位3つへの対策会議
会議の目標	対策と実施スケジュールを決める
進行スケジュール	クレームの背景について説明──5分 クレームAの対策を議論──10分 クレームAの対策実施スケジュール決定──5分 ⋮
事前に考えてほしいこと	クレームA、B、Cの対策についてアイデアを2つずつ考えてきてください

Step❷ 「議論」と「時間」を見える化する

　議論があちこちに拡散したり、行ったり来たりするムダを省き、

参加者の共通認識のもと議論を進めるために、**ホワイトボードを活用して議論を見える化**します。

また、ホワイトボードにタイマーを取り付けておき、**進行スケジュールどおりに進んでいるかも見える化**します。事前に「1テーマ15分」のように時間を決めておき、タイマーをセットして、残り時間を確認しながら議論を進めると会議の効率化につながるでしょう。

なお、最後に、会議で決まったことを書き出します。**「だれが」、「いつまでに」、「何を」、「どのように」を見える化**し、参加者全員で共有することで、決定事項を確実に実行に移していきます。

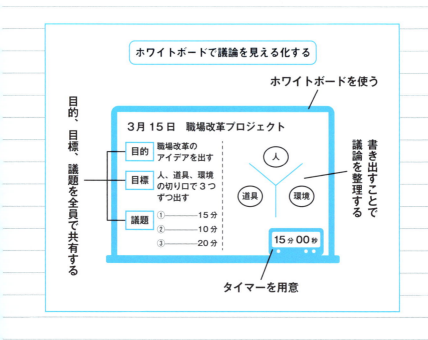

Step ❸ ひとつ発言できるよう準備をする

「会議で何を発言すればいいのかわからない」という人は、会議の目的や背景が理解できていないため、それに対する自分の意見を整理できていないのかもしれません。事前に下のポイントを明らかにしたうえで、**会議で意見をひとつ言えるよう準備します。**

これらの事柄がしっかりと理解できていれば、発言が的外れになることはありません。あとは勇気を出して発言するのみ。会議で自分の意見が採用されたり、会社に何らかの影響を与えたりすることができれば、仕事のモチベーションもきっと高まるはずです。

 会議の準備をしよう

◎この会議の目的と目標は何か？

◎何が問題になっているのか？

◎自分はどのような立場で意見が求められているのか？
（女性の立場で？ 顧客に一番近い立場で？ 現場担当者としての立場で？）

◎発言したいことは？

29 後輩が育たないストレスをゼロにする

□「仕事を任せられない」という病

後輩が早く一人前になって、チームの戦力になってくれたら助かるのに、なかなか思うように育ってくれない――。

こんな悩みをもつ人も多いのではないでしょうか。

後輩が育たず、仕事を任せられない状態が続くと、本来なら少しずつ後輩に渡していくべき「今日を守るための仕事」にいつまでも時間を取られ、「付加価値を生み出す仕事」や「未来をつくる仕事」に時間を使うことができません。つまり、**後輩が育たなければ、チームのパフォーマンスはいつまでたっても低いまま**です。

□「育たない」のか、「育てていない」のか

ただ、育てる側に問題はないのかといえば、そうともいえません。

忙しさを理由に、後輩に向き合う時間をしっかりととれていないこともあるでしょう。あるいは、「わからないことがあればいつでも聞いて」とフォローしているつもりでも、後輩にしてみれば、「そもそも何がわからないのかがわからない」という状態です。放置されたと感じて、途方に暮れているかもしれません。

「後輩が育たない」というけれども、本当のところは**「育てていないから、育たない」**というケースも多いのではないでしょうか。育てる側の都合で、育成のための時間が十分に確保されていない、あるいは育てる側の目線で教えてしまうため、後輩がうまく理解できない――こうした実態があるように思えます。

172　Part 5　チームのムダをゼロにする

□ 草木に水をやるように育てる

後輩の育成は、じつは草木を育てるのに似ています。

観葉植物を育てる時、水のやりすぎは根腐れの原因になります。また、日光が不足すると十分な葉緑素を生成できず、葉が枯れてしまいます。これらは植物の種類によっても違います。

水やりの量や頻度はどれくらいか、日向を好むのか、日陰に置くのがいいのか。関心をもち、よく観察しながら、植物に適した状態や環境で育てなければなりません。

後輩を指導する時も同じです。

後輩のモチベーションの源は何か、また逆に、どんな接し方をするとモチベーションを下げてしまうのか。**後輩をよく観察して、相手のタイプを見極めたうえで、一人ひとりに合った教え方をする**必要があります。

人がだれしももっている認められたいという「承認欲求」やだれかの役に立ちたいという「貢献欲求」、何かを達成した時に喜びを感じる「成長欲求」。これら3つの欲求に働きかけることも重要です。

後輩を教えていると、つい後輩の「できない部分」に目が行きがちです。しかし、**できない部分を指摘するよりも、「できた部分」を認める、褒める、貢献を評価するなど、後輩のモチベーションに働きかけるアプローチ**をぜひ取り入れてみてください。

そうすることで、「育たない後輩」から、「自ら育つ後輩」へと変わっていくことでしょう。

Take action! 今日からやってみよう

Step ❶ 後輩のタイプを知る

　まずは後輩のことを知り、**後輩のタイプに合った教え方**を探ります。後輩を観察するポイントは、下の2つです。

　後輩のタイプは、相手をよく観察し、コミュニケーションを増やすことで見えてきます。

　相手が新入社員なら、採用時の面接官や人事担当者に尋ねてみてもいいでしょう。「後輩を指導するにあたり、押さえておくべき特徴やタイプを知りたいのですが」と相談すれば、アドバイスが得られるかもしれません。

◆ 後輩のここを観察しよう

モチベーションの源は何か	・どのような状況でモチベーションを感じるのかを理解し、タイプに合わせてアプローチを変える ・たとえば、新しいことに挑戦する時にモチベーションを感じるタイプには新しいことにチャレンジさせる。何かを達成した時にモチベーションを感じるなら、達成感が得やすいように小刻みの目標を設定するなど
褒めて伸びるタイプか、悔しさをバネに伸びるタイプか	・基本的には「褒めて伸びるタイプ」が多いものの、中には反骨精神が旺盛で、叱られたり、失敗したりした時の悔しさをバネに伸びるタイプも ・タイプに応じて、褒めたり叱ったりを使い分ける

モチベーションの源とアプローチ法

達成感を味わった時 ⇒	大きなかたまりの仕事を小さくほぐし、小刻みの目標設定で頻繁に達成感を味わえるようにする
目標を達成できた時 ⇒	一つひとつの仕事に目標を設定してもらい、自分で立てた目標をクリアしながら仕事を進められるようにする
創意工夫すること ⇒	「あなたならどのように考える?」と意見を求め、考えてもらい、おもしろいアイデアはすぐに実行に移してもらう
チームの一体感や連帯感 ⇒	この仕事がチームにどのように役立つのかを伝えたり、互いの連携がもたらした成果を折に触れて共有する
自分が役に立てていることを実感した時 ⇒	「○○さんがいると職場が明るくなるね」などと具体的な貢献ポイントを伝える

Step ❷ 「教える時間」を確保し、スケジュールに組み込む

本当に後輩を育てたいならば、「時間がある時に教える」という考え方はやめましょう。**「教える時間」をあらかじめ確保し、スケジュールに組み込んでおきます。**

時間は会社や業種などによっても異なるでしょうが、たとえば最初の3週間は「1日30分」を毎日、その後は週に1回に頻度を落としていってもいいでしょう。

この「1日30分」の使い方はそれぞれです。作業手順を丁寧に教えることもあれば、仕事に関する質問や相談の時間にあてることもできます。

たとえば、「明日までにこのマニュアルを読んで、不明な点があれば明日30分の時間をとるから何でも聞いてね」、「1カ月経ったけど、業務を一通り経験してみて難しいところはある？」のように業務に関してコミュニケーションをとるのもいいでしょう。

Step ❸ 「承認」、「貢献」、「成長」にフォーカスする

後輩の「できない部分」を指摘するよりも、「できた部分」を認めて褒めることで、「承認欲求」、「貢献欲求」、「成長欲求」に働きかけてモチベーションを刺激します。

たとえば、「これをやるのに15分は時間がかかりすぎだよ」と注意する代わりに、次のような表現に変えます。

◆部下の気持ちをくすぐる伝え方

欲求の種類	コメント例
承認欲求 （他人から認められたい、尊敬されたい）	「ミスしないように慎重に進めてくれているのは助かるよ」
貢献欲求 （だれかの役に立ちたい）	「今やってくれていることは、この仕事を成功させるうえで大事な部分なんだよ」
成長欲求 （自分の能力や可能性を最大限に引き出したい）	「先週は30分かかっていたけど、15分でできるようになったね！」

Step ❹ 「叱る基準」を伝えておく

ほめる一方で、「やってはいけないこと」や「直すべきところ」はきちんと指摘しなければなりません。

そこでお勧めしたいのは、**「これをやれば叱る」という「叱る基準」をあらかじめ伝えおく**ことです。たとえば「時間に遅れたら叱る」、「挨拶しなかったら注意する」という具合です。

後輩にとって、「なぜ叱られているのか」がわからないと、やる気を失ったり、上司や先輩の顔色をうかがったりするようになります。

叱る基準を伝えておくことで、叱られたほうも「あ、だから叱られたのか」という納得感が得られ、その後の改善や成長につながっていくでしょう。ぜひ試してみてください。

不機嫌な時間がゼロになれば、結果はついてくる!

□「ご機嫌な職場」を目指そう

あなたの周りにも、こんな人はいませんか?

いつも不機嫌そうに眉間にしわを寄せ、意に添わないことがあると「チッ」と舌打ちをする人。隣の席で舌打ちされたら、こちらも嫌な気持ちになりますし、不機嫌な感情をまき散らす人がひとりでもいると職場全体が暗い雰囲気になってしまいます。

一方、いつも笑顔で接してくれる人には、自分も笑顔で応じたいと思います。忙しくても親身になって相談に乗ってくれる人には、こちらも助けになりたいと思うものです。

たった一人でも明るい太陽のような存在がいれば、その明るさが周りに波及していき、職場の雰囲気を明るくしてくれるのです。

「人間関係は鏡」だとよくいわれます。

職場の雰囲気がよくないことに気づいたら、まずは自分がその雰囲気を断ち切って、自分からよい状態へと舵を切るきっかけをつくっていく——。

そんな周りに良い影響を与える存在になれたら素敵ですね。

□「夢中な自分」が仕事の質を高める

ご機嫌な状態で仕事に取り組むことは、仕事の質にもよい影響を与えます。

好きなことに夢中になり、時間の経つのも忘れるくらい没頭した状態を「フロー」といいます。フロー状態で仕事をしている時は充

実感も高く、生産性も高いと提唱したのが、M.チクセントミハイ博士の「フロー理論」です。つまり、**目の前の仕事に夢中で取り組むと、もてる以上の力が発揮される**ということです。

また、マサチューセッツ工科大学の元教授ダニエル・キム氏が提唱した「成功の循環」は、**互いの「関係の質」を高めることで、「思考の質」が高まり、その先の「行動の質」、「結果の質」が高まる**という理論です。「関係の質」の向上こそが成功への循環を生み出す第一歩だというこの考え方は、とかく結果を追い求めようとする最近の風潮に対して、貴重な示唆を与えてくれるものだと思います。

まずはあなた自身が不機嫌な時間をゼロにし、周りの人たちとご機嫌オーラを交換し合うことから始めてみてください。それが、チームの成果につながるのです。

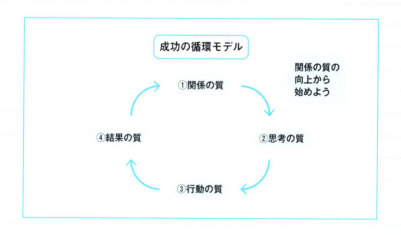

Take action! 今日からやってみよう

Step ❶ 自分の「ご機嫌スイッチ」を知る

　自分自身がご機嫌な状態でいるために、**「どうすれば自分はご機嫌になれるのか」**を知っておく必要があります。自分の「ご機嫌スイッチ」は、知っているようで、意外に知らないものです。

　たとえば、「好きな香りをちょっと嗅ぐだけで気持ちが切り替わる」という人もいれば、「青い空を見るとテンションが上がる」という人、「パソコン作業中、手がスムーズに動かないとイライラする」という人もいるでしょう。

　自分の「ご機嫌スイッチ」を考えてみましょう。

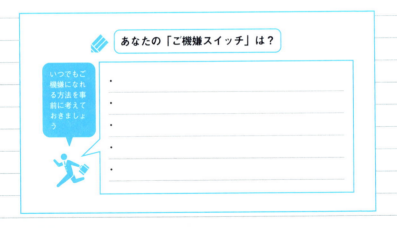

Step ❷ 「自分メンテナンス」の時間をつくる

　ご機嫌スイッチを見つけたら、そのスイッチを刺激して、自分をハッピーな状態に維持するための時間をつくります。**1日のうち、朝昼晩の2分ずつ**でもいいので、まずは取り入れてみましょう。

　「手」がスイッチの人であれば、手が強張ってきたと感じたら、お

気に入りのハンドクリームで少し手をマッサージするだけでも気分が変わるでしょう。

　ほかにも家族の写真、ミニ観葉植物、趣味の物などのリラックスグッズをデスクの一角に置いておき、それらを見ながらほっとひと息つくのも自分メンテナンスには効果的です。

Step ❸ 「ありがとう」を配る

　自分をご機嫌にできたら、次は自分から周りに直接働きかけ、チームの雰囲気をよくしていきます。**挨拶や雑談などちょっとしたコミュニケーションをとおして、「ご機嫌の輪」を広げていきます。**

　何を話しかければいいかわからないという時は、「感謝の言葉」を意識してみてください。相手に何かしてもらったら感謝の言葉を口にしたり、「いつも丁寧な仕事をしてくださって、助かっています」と相手の良さを感謝の言葉に代えて伝えたりすることもできます。「ありがとう」と言われて嫌な気分になる人はいないので、感謝の言葉は人間関係をよくする最高のコミュニケーションワードです。

　きっかけとして、**「ありがとう飴」** を配るのもいいかもしれません。

　脳に疲れが出始めた夕方近くに、**「いつもありがとうございます。今日もあと少しがんばりましょう」** と言葉を添えて飴を手渡せば、場がほっと和み、職場に笑顔がこぼれるに違いありません。

Memo

おわりに

　本書を最後まで読んでいただき、ありがとうございます。

　残業ゼロを推進する動きは加速していますが、現状は仕事に追われ、定時に帰れるどころか、残業は増える一方、という職場もたくさんあります。また、強制的に定時退社を求められ、仕事を次の日に持ち越してしまい、結局、納期に間に合わなかったり、急いで行うあまり、ミスが頻発したり、質の低い仕事になっていることも見受けられます。そのような中で、「自分だけでは何をどうすることもできないから仕方がない」と、あきらめている人も少なくありません。

　しかし、誰もが、「仕事と生活を共に充実させ、自律的・主体的にイキイキと輝いて働きたい」と思っています。

　仕事のムダやミスをなくすことは、ワーク・ライフ・マネジメントの実現や、人生をより豊かなものに変えるきっかけにもなり、職場全体の活気や生産性向上にもつながります。

　当たり前のように行っている日常業務の中には、たくさんのムダが潜んでいます。

　「ダラダラ習慣によって、余計な時間を費やしてしまっている」、「デスクまわりが乱雑で、必要なものをすぐに取り出せない」、「会議はいつも予定通りに終了せず、延長してしまう」。

　そんな状況の中でイライラしながら仕事をしていても、自分自身が疲弊してしまいますし、新たな発想もなかなか生まれません。

　しかし、身近なムダをなくし、サクサク仕事をすることで残業時間が減れば、それが豊かな発想を生み出し、新たな価値創造にもつながることでしょう。会社全体で見れば、チームの連携がよくな

る、コスト意識が高まる、時間を効率的に活用することでチームの生産性が向上する、などの効果も期待できます。

　こうしたムダ減らしのチャレンジは、受け身ではなく主体的に「仕事に楽しさをプラスする」という前向きな気持ちで取り組むことが大切です。
　悩んだ時こそ、改善のチャンス。
　もっと効率的にできる方法はないかと考え、取り組むことで、幸せに働けるようになるのです。
　そんな悩みを解決すべく、「明日からできそうだ」、「ムダをなくすのは難しいことではなく、ちょっとした工夫の積み重ねなんだ」という気持ちになっていただけたら、とてもうれしいことです。

　また、ムダをなくすためには、日々に追われ、目の前のことを近視眼的に見るだけではなく、仕事を俯瞰することも大切です。
「この仕事は全体の流れの中でどういった役割を果たしているのだろう？」、「次の人が受け取りやすいバトンを手渡すにはどうすればよいだろう？」。
　こういった視点が、チームで仕事を進める上では欠かせません。

　職場なんてそう簡単に変わるものではない、と感じるかもしれませんが、組織が変わるとは「一人ひとりが変わること」にほかなりません。

　国も企業も、そして私たちも変わる時がやってきました。
　人口減の日本社会が成長を続けるには、生産性の底上げが欠かせません。

「労働時間の長さで勝負するのではなく、時間あたりの価値を最大化する」、という働き方にシフトしていくことです。

　職場の雰囲気も、長時間労働を「是」とする意識を取り払い、仕事を終えてサッと帰れる状況をつくっていくことが大切です。

　過重労働は精神的ストレスの原因になったり、集中力低下から、かえって効率を落とすこともあります。心身ともに健康であってこそ、良い仕事が実現できるのです。

「テクノロジーが発展すればするほど、人間が物理的に行う仕事はどんどんなくなっていき、現在人間が行っている49％の仕事が20年以内に、機械や人工知能によって代行される」。

　野村総合研究所とオックスフォード大学らによるこんな研究結果が話題になったこともありましたが、どれだけテクノロジーが進化しようとも、機械がとって代わることのできない仕事はあります。

　思いやり、創造性、関係構築。こうした価値を生み出し、提供できるのは、やはり人ではないでしょうか。

　この本を読んでくださったあなたが、「早く帰りたい！」を実現できること、そして今以上に価値を生み出していくことを、心から願っています。

2017年1月

藤井美保代

【著者プロフィール】

藤井 美保代（ふじい みほよ）

株式会社ビジネスプラスサポート　代表取締役

大学卒業後、ソニー関連の人材育成会社にて、組織活性化の研修業務に従事。独立の後、平成 14 年、株式会社ビジネスプラスサポート設立。

「輝く人財づくりを支援する」を理念に、人と組織が豊かで幸せになることを実現するための研修・コンサルティングを、これまでに 1,000 社以上で展開。現在も事務改善や業務効率化コンサルティング、資産価値の高い組織実現に向けての人財開発指導を行っている。研修・セミナー・コンサルティングの実績は、3 大総研のほか、各種メーカー、証券会社、総合商社、不動産管理・販売会社、監査法人、特許事務所、銀行、放送局、省庁、総合病院、大学など多岐にわたる。

単なるスキルや知識、ノウハウを教えるだけではなく、それらを根付かせるために必要な姿勢や志からしっかり教える研修は、各地で高い評価を得ている。ワーク・ライフ・マネジメントを実現する働き方支援・コンサルティングに注力している。

【主な著書】

『「事務ミスゼロ」の仕事術』、『「ミスゼロ仕事」の段取り術』、『「ミスゼロ仕事」の片づけ・整理術』（以上、日本能率協会マネジメントセンター）、『仕事が効率よくスムーズに進む！　事務ミスゼロのチェックリスト 50』（同文舘出版）、『仕事ができて、なぜか愛される女の 8 つの習慣』（SB クリエイティブ）等。

【ホームページ】

http://j-bps.com/

【メールアドレス】

info@j-bps.com

早く帰りたい!仕事術
3時間分のムダがなくなる30のコツ

2017年1月30日　初版第1刷発行

著　者——藤井美保代
　　　　　©2017 Mihoyo Fujii
発行者——長谷川隆
発行所——日本能率協会マネジメントセンター
　　　　　〒103-6009　東京都中央区日本橋2-7-1　東京日本橋タワー
　　　　　TEL　03（6362）4339（編集）／03（6362）4558（販売）
　　　　　FAX　03（3272）8128（編集）／03（3272）8127（販売）
　　　　　http://www.jmam.co.jp/

装丁、本文デザイン、DTP——ISSHIKI
編集協力————————前田はるみ
印刷所——————————広研印刷株式会社
製本所——————————星野製本株式会社

本書の内容の一部または全部を無断で複写複製（コピー）することは、法律で認められた場合を除き、著作者及び出版者の権利の侵害となりますので、あらかじめ小社あて許諾を求めてください。

ISBN 978-4-8207-1959-5　C2034
落丁・乱丁はおとりかえします。
PRINTED IN JAPAN

JMAM 既刊図書

マンガでやさしく わかるPDCA

川原慎也 著
松尾陽子 シナリオ制作
谷口世磨 作画
四六判　200頁

「P」をしっかり作り込んだ後に「DCA」をセットで絶え間なく高速で回し続けることができれば、仕事の質を飛躍的に高め、成果を生み続けることができます。本書では、そんなPDCAの考え方と実践法をマンガで解説します。

JMAM 既刊図書

マンガでやさしくわかる
インバスケット思考

鳥原隆志 著
星井博文 シナリオ制作
稲垣まこと 作画
四六判　224頁

インバスケットとは架空の立場になり、限りある時間のなかで多くの案件をより成果が出るように処理するビジネストレーニング。そこで必要とされる思考力、判断力、問題解決力を磨くためのノウハウを、マンガのストーリーを読みながら身につける1冊。

JMAM 既刊図書

マンガでやさしく わかる会社の数字

前田信弘 著
葛城かえで シナリオ制作
たかみね駆 作画
A5判 240頁

貸借対照表、キャッシュフロー、ROA・ROE、物価指数、流動比率など、会社の仕事は数字であふれかえっています。本書では、そうした社会人として身につけておきたい「会社の数字」の見方・扱い方が学べます。

JMAM 既刊図書

「ミスゼロ仕事」の段取り術

藤井美保代 著
四六判　216頁

限られた時間で多くの仕事をこなし成果をあげることが求められる時代。「仕事の効率化」が重視されていますが、ミスが起こっては元も子もありません。企業のミスを研究しつくした著者が、ミスを防ぎ、効率をアップさせる35の段取りのコツを紹介します。

JMAM 既刊図書

「ミスゼロ仕事」の
片づけ・整理術

藤井美保代 著
四六判　224頁

だれもが避けたいミスの発生原因は、片づけられていないことにあります。乱雑なデスク、膨れ上がった名刺入れ、データで埋め尽くされたPC等、整理できていないモノ・コトを整理し、質の高い仕事を効率的に行うテクニックをまとめます。